LE COMTE

J. DE MAISTRE

AUTEUR

DE

L'ANTIDOTE AU CONGRÈS DE RASTADT

NOUVELLES CONSIDÉRATIONS

PHILOSOPHIQUES ET LITTÉRAIRES

PAR M. R. DE CHANTELAUZE

« La thèse de M. de Chantelauze est
« solidement appuyée. »
(L'*Univers*, 28 mars 1859.)

PARIS
CHARLES DOUNIOL, LIBRAIRE
Rue de Tournon, 29.

LYON
GIRARD ET JOSSERAND, LIBRAIRES-ÉDITEURS
Place Bellecour, 30.

1859

A Monsieur R. de Belleval
respectueux hommage de l'auteur
R. C.

LE COMTE JOSEPH DE MAISTRE

AUTEUR

DE L'ANTIDOTE AU CONGRÈS DE RASTADT

LE COMTE

JOSEPH DE MAISTRE

AUTEUR

DE L'ANTIDOTE AU CONGRÈS DE RASTADT

NOUVELLES CONSIDÉRATIONS
PHILOSOPHIQUES ET LITTÉRAIRES

PAR M. R. DE CHANTELAUZE

« La thèse de M. de Chantelauze est so-
« lidement appuyée. »

(L'*Univers*, 28 mars 1859.)

PARIS

CHARLES DOUNIOL, LIBRAIRE

Rue de Tournon, 29

LYON

GIRARD ET JOSSERAND, LIBRAIRES-ÉDITEURS

Place Bellecour, 30

1859

LE COMTE

JOSEPH DE MAISTRE

AUTEUR DE L'*ANTIDOTE AU CONGRÈS DE RASTADT*.

I

« La thèse de M. de Chantelauze est solidement appuyée. »

(L'*Univers*, 28 mars 1859.)

Je dois à mes amis, je me dois à moi-même, de ne point accepter en silence les critiques passionnées et les vives réclamations qu'a soulevées contre moi la Préface du livre que j'ai récemment publié.

De toutes les tâches la plus difficile, la moins abordable, c'est l'histoire contemporaine. A chaque pas l'écrivain se heurte à des obstacles; sans cesse il est exposé à blesser des susceptibilités, à susciter des colères. Pour rendre un impassible hommage à la vérité, il faut que sa conscience soit sans crainte comme sans reproche. Et s'il n'apporte dans l'accomplissement de cette tâche délicate qu'une passion, celle du juste et du vrai, qui pourrait lui faire un crime de la sincérité même de son œuvre ?

Qu'il me soit permis de déclarer hautement qu'en publiant le livre objet de cette ardente polémique, je me suis proposé avant tout et par-dessus tout de rechercher la vérité, et que, pour atteindre ce but, je n'ai négligé aucune recherche, aucun moyen de preuves.

Je n'ai pas la prétention d'être infaillible. Quel homme, livré à ses propres forces, pourrait se vanter de l'être ici-bas ? Mais, si j'ai commis une erreur (et j'ose affirmer encore que non), je veux du moins que l'on sache que cette *erreur* a pour elle, et qu'elle gardera toujours pour elle toutes les apparences de la vérité.

Depuis quelques années dormait sur les rayons de ma modeste bibliothèque un volume intitulé : *Antidote au congrès de Rastadt, ou Plan d'un nouvel équilibre politique en Europe*, par l'auteur des *Considérations sur la France* (c'est-à-dire par Joseph de Maistre). Londres, 1798. (1re édition.)

Lors de la publication par M. Albert Blanc des *Mémoires* de cet homme extraordinaire, je relus l'*Antidote*, et je fus vivement frappé des profondes ressemblances qui existent entre ces deux ouvrages, surtout au point de vue de la politique piémontaise. Ces analogies éveillèrent au plus haut degré ma curiosité. L'*Antidote* me parut offrir le plan complet dont les *Mémoires* ne présentent que les lambeaux épars. Aussitôt je me livrai à de nombreuses recherches pour savoir si ce livre appartient véritablement à Joseph de Maistre, *comme le supposèrent ses contemporains*, ou s'il fut l'œuvre de l'abbé de Pradt, à qui l'attribuent certains biographes de nos jours. J'examinai cette intéressante question sous toutes ses faces. La bibliographie, les preuves philosophiques et morales, les preuves tirées du style et de la nationalité se groupaient en faisceau autour de Joseph de Maistre. Lorsque toutes les objections me parurent résolues, je pensai que la publication de ce curieux ouvrage ne serait point inopportune, et je la confiai à un éditeur.

J'expliquais, dans une *Introduction*, par quel singulier concours de circonstances ce livre, que l'illustre publiciste ne voulut jamais avouer, pour de très-sérieux motifs, et qu'il laissa en déshérence, échut plus tard à l'abbé de Pradt.

Les arguments que je faisais valoir parurent si plausibles, que des hommes fort bons juges en pareille matière et que plusieurs importants organes de la presse s'empressèrent d'en reconnaître la justesse et la solidité.

Je devais croire que j'avais débrouillé cette mystérieuse énigme, lorsque le comte de Douhet, petit-neveu de l'abbé de Pradt, revendiqua le livre pour son grand-oncle. Avant de discuter la thèse qu'il défend, je me contenterai de dire que les pièces *péremptoires* qu'il devait produire n'ont pas encore vu le jour. Si ces documents ont l'importance qu'on leur prête, le lecteur ne sera pas moins surpris que moi des longs retards que l'on met à les publier. De mon côté, si je n'ai pas répondu plus tôt à mes honorables adversaires, mon silence est loin d'avoir été un acquiescement à leurs affirmations réciproques. Il n'a eu d'autre but, je tiens à le déclarer, que de leur laisser le temps nécessaire de produire des pièces justificatives de leurs assertions.

Un mois s'est écoulé. Je me crois dégagé sur ce point de tout scrupule. Aujourd'hui il m'est permis de supposer, sans témérité, que M. de Douhet a complètement renoncé à toute production de pièces.

Restent les arguments qu'il a fait valoir ; je

dois dire d'abord qu'ils ont paru si peu concluants que, le lendemain même de ses explications, l'*Univers,* dont nul ne contestera l'autorité et la compétence lorsqu'il s'agira de Joseph de Maistre, l'*Univers* déclarait que ma « *thèse* était *solidement appuyée.* »

J'avais l'espoir de la faire triompher, lorsque la lettre de M. le comte Rodolphe de Maistre adressée à ce journal a retenti comme un coup de foudre.

Que le lecteur me permette de la placer de nouveau sous ses yeux :

« *A Monsieur le Rédacteur de l'*UNIVERS.

« Turin, le 1er avril 1859.

« Monsieur,

« J'ai lu dans le journal *l'Union* deux articles littéraires sur l'*Antidote au congrès de Rastadt,* ouvrage attribué à mon père, et que l'on a même *hardiment* imprimé sous son nom. Sans porter aucun jugement sur cet écrit, et simplement pour rendre hommage à la vérité, j'affirme que le comte Joseph de Maistre n'est point l'auteur de ce livre.

« Je vous serai reconnaissant si vous voulez

bien accorder à ma réclamation une place dans votre journal, et je vous offre, avec mes remerciements anticipés, l'assurance de ma considération très-distinguée.

« Le Comte RODOLPHE DE MAISTRE. »

Cette lettre a été généralement considérée comme une preuve sans réplique.

J'avoue, pour ma part, qu'une assertion si nettement formulée par un homme des plus respectables me sembla de la plus haute gravité. Elle impliquait, en quelque sorte, la certitude que le comte Rodolphe de Maistre était l'écho de la voix paternelle. J'étais sur le point de m'incliner devant cet irréfragable témoignage, lorsque j'appris de source certaine que cette preuve n'existait pas.

Une anecdote que je lus dans l'*Armonia* du 5 avril, accompagnée de la lettre de M. Rodolphe de Maistre, publiée déjà par les journaux de Paris, me fit connaître les bases sur lesquelles reposaient évidemment les convictions de l'honorable comte.

Voici cette anecdote :

On sait que Mme Huber-Alléon, de Genève, était aussi étroitement liée avec Joseph de Maistre, pendant son exil à Lausanne, qu'elle l'était avec

Necker et sa fille. Comme elle n'ignorait pas l'éloignement du comte pour ce personnage et qu'elle redoutait pour lui les traits aigus de sa verve satirique, elle aurait pris, un soir, dans son salon, Joseph de Maistre par les deux mains, *en lui demandant avec instance de lui accorder une faveur*. Le comte s'y étant obligé *aveuglément*, Mme Huber aurait sollicité de lui la promesse de ne jamais écrire *une seule ligne* contre M. Necker, et Joseph de Maistre en aurait pris l'engagement formel.

Aussi, lorsque parut l'*Antidote* (1), Mme Huber aurait déclaré, après avoir lu cet ouvrage, qu'il ne pouvait être du comte de Maistre, puisqu'il contenait une page dans laquelle il était question de M. Necker.

Et c'est pour la remercier de cette protestation que, suivant l'*Armonia,* Joseph de Maistre

(1) « Vogliamo soggiungere, dit l'*Armonia,* a scusa del signor de Chantelauze, que attribuì à Giuseppe de Maistre l'*Antidote au congrés de Rastadt,* che, vivente ancora quel chiarissimo personaggio, altri cadde nel medesimo abbaglio. Ma essendo stato recato l'*Antidote* alla signora Huber-Alléon, in Ginevra, e dettole che era uscito dalla penna di Giuseppe de Maistre, essa che ne conosceva i propositi, dichiarò che lo scritto non era suo. *Non, ce n'est pas vrai !* E di questa dichiarazione Giuseppe de Maistre ringraziava la signora Huber-Alléon in una sua lettera, colla data di Pietroburgo, 26 settembre 1806. » (*Armonia* du 5 avril 1859.)

aurait adressé à Mme Alléon les lignes suivantes, en date du 26 septembre 1806, c'est-à-dire huit ans après la publication du livre:

« Saint-Pétersbourg, 26 septembre 1806.

. . . .

« Vous qui *écoutez* toujours mes pensées, comment pourriez-vous ne pas les *entendre* ? Une fois vous m'avez rendu pleinement justice contre toutes les apparences. On eut beau vous montrer le livre, vous eûtes la constance de dire : *Non, ce n'est pas vrai.* En disant cela vous me rendiez justice, et je vous en ai su un gré infini : vous avez été juste à mon égard, et moi, Madame, je serai aussi juste que je dois l'être envers votre justice. »

. . . .

(*Lettres et Opuscules*, t. Ier, p. 78.)

On voit de suite quelle est la valeur de semblables preuves. Que d'invraisemblances dans ce récit ! Un diplomate qui fait si légèrement des promesses chevaleresques dont il ne connaît ni l'importance ni le but ! un politique qui engage sa parole, à première réquisition, avant de sonder le terrain ! Joseph de Maistre, le théocrate, qui sacrifie avec tant de complaisance et d'étourderie ses plus sérieuses convictions au bon plaisir d'une dame !

L'auteur des *Soirées de Saint-Pétersbourg* a-t-il jamais paru sous un tel aspect, même dans le laisser-aller de sa correspondance diplomatique qu'on a eu l'indiscrète pensée de mettre au jour ?

Au reste, s'il était vrai qu'il eût promis à Mme Alléon *de ne jamais écrire une seule ligne contre M. Necker*, en quoi la page de l'*Antidote* où il est question du célèbre Genevois est-elle de nature à compromettre le noble caractère de l'auteur des *Considérations* ?

Je viens de la relire cette page que l'on allègue contre moi ; eh bien ! loin d'impliquer une violation de la parole donnée, elle pourrait prouver, par son extrême modération, que Joseph de Maistre, ordinairement si incisif, aurait voulu tenir rigoureusement sa promesse. Dans ce jugement porté sur Necker, je ne trouve rien que de calme, d'équitable, rien qui ne soit pleinement conforme à la vérité historique, et le comte de Maistre n'en paraîtra ni moins grand, ni moins loyal, pour avoir exprimé sa pensée en de pareils termes sur le ministre de Louis XVI.

Au surplus, voici la page de l'*Antidote* où il est question de Necker. Lorsque le ministre y est traité plus modérément que le monarque, on ne comprendrait vraiment pas comment Joseph de Maistre aurait pu mériter les reproches de Mme Alléon :

« Eh bien ! cette France n'a jamais été révolutionnaire en masse. Maintenant elle est le foyer et l'instrument de la révolution sans le vouloir, comme elle en fut le berceau sans le savoir. Mais, il faut le dire, c'est le roi qui a préparé la révolution par la guerre d'Amérique, par le dérangement des finances, par le relâchement de l'administration, *de l'autorité et de la dignité* (1), par l'appel des notables, et par ses querelles avec les parlements et les pays d'états. Celles-ci jetèrent toutes les hautes classes dans l'opposition contre la cour, qui, pour s'en venger, médita une révolution contre elles. Le cardinal de Loménie la dirigeoit ; il y périt, et laissa en fuyant la cour prise dans ses propres filets. Pour se tirer d'embarras, elle appela M. Necker, et la révolution du ministre succéda sur le champ à celle du roi. Le ministre conduisoit le peuple contre la cour autant que contre les premiers ordres. Le roi au contraire, en procédant également par

(1) Pense-t-on que cette phrase puisse être d'un émigré royaliste français, de l'abbé de Pradt ?

le peuple, vouloit en rester maître et ne le diriger que contre eux. Il y avoit donc conflit entre le roi et son ministre, et dès lors la révolution fut double, mais toujours étrangère à la masse de la nation, qui ne vouloit que des améliorations et qui les auroit reçues avec bénédiction de la main de son roi. Qu'on se rappelle les cahiers qui, à l'exception d'un petit nombre frappés de démocratie par le ministre lui-même et par quelques personnages marquants dans la révolution, en étoient à mille lieues. Souvenons-nous que M. Necker, malgré *son bruit sourd de l'Europe* et ses paraphrases comminatoires, n'hésita pas de dire à l'ouverture des Etats généraux, et qu'il a imprimé depuis, qu'il n'avoit tenu qu'à lui de les éviter, tant la nation était peu révolutionnaire. Jusqu'au 14 juillet, Necker resta maître de la marche de la révolution, époque à laquelle La Fayette la lui enleva. Depuis ce temps, le roi, loin de la diriger ou de la contrarier, n'a fait que la promouvoir. Il n'y a pas d'exemple d'une obéissance si passive. » (*Antidote*, p. 147.)

Pourquoi d'ailleurs la lettre de Joseph de Maistre à Mme Alléon, si elle concerne l'*Antidote*, est-elle de huit ans postérieure à la publication de cet ouvrage ? Est-ce bien de l'*Antidote* qu'il s'agit ?

Le livre est-il nommé, indiqué en quoi que ce soit ? Necker est-il désigné dans cette lettre ? Joseph de Maistre ne faisait-il pas plutôt allusion à un exemplaire des *Considérations sur la France*, dont plusieurs éditions avaient été si souvent tronquées, falsifiées, interpolées, et qu'il ne voulait pas non plus reconnaître alors comme son ouvrage ?

Enfin, s'il avait promis, aussi formellement qu'on le suppose, *de ne jamais écrire une seule ligne sur le compte de Necker*, comment se fait-il que nous trouvions dans les *Lettres et Opuscules*, publiés par M. le comte Rodolphe de Maistre, tant de mots piquants contre Mme de Staël et même contre son père ? — Mais, dira-t-on, ces lettres n'étaient point destinées à être publiées. — J'en conviens, *mais le serment de ne jamais écrire une seule ligne ?...*

« Que signifie la règle universelle ? disait en 1818 Joseph de Maistre au prince Kolowski. — C'étoit le cas de M. Necker. Ses amis vous diront et vous embarrasseront peut-être en vous prouvant, à leur manière, qu'il faisoit *son devoir*, lorsqu'il proposoit la constitution anglaise à la France. »

Et Mme de Staël, comme elle était loin d'avoir été comprise dans le traité conclu entre les mains de Mme Alléon ! Bien que le noble comte eût juré *paix et amitié* (1) *à cette famille*, il ne se faisait aucun scrupule, le cas échéant, de parler de Corinne sur un ton fort peu *pacifique* et encore moins *amical*. « C'est donc vous, madame la marquise, qui avez promené la science en jupon? (Mme de Staël), cette femme célèbre ou fameuse qui auroit pu être adorable et qui a voulu n'être qu'extraordinaire... *Je ne connois pas de tête aussi complètement pervertie;* c'est l'opération infaillible de la philosophie moderne sur toute femme quelconque... » (Lettre à la marquise de..., 1806 (2). *Lettres et Opuscules*, t. Ier, p. 54.)

Dans une lettre écrite en 1818 au prince Kolowski (*Lettres et Opuscules*, t. Ier, p. 457), il qualifie Mme de Staël d'*impertinente femmelette qui ne comprend pas une des questions qu'elle traite*...

Et plus loin : « Une femme protestante, prenant publiquement un archevêque catholique à partie, et le réfutant sur l'origine divine de la souveraineté, peut amuser sans doute certains spectateurs : chacun a son goût; mais pour moi, je préfère infiniment Polichinelle de la place

(1) Expressions du comte de Maistre. (*Lettres et Opuscules*, t. Ier, p. 56.)

(2) Cette lettre, on le remarquera, est précisément de la même année que celle adressée à Mme Huber-Alléon.

Château : il est plus décent et non moins raisonnable... »

Enfin, Joseph de Maistre traite de *brillante guenille* l'ouvrage de Mme de Staël sur la révolution française.

Ces simples rapprochements suffiront pour réduire à sa juste valeur la portée que donne l'*Armonia* à l'anecdote Huber-Alléon.

A supposer qu'elle fût vraie, l'habile diplomate nous aurait lui-même donné la clef de la lettre adressée à Mme Huber, en interprétant de la façon qu'on vient de le voir le fameux traité *de paix et d'amitié* conclu avec Necker et *sa famille...* (1).

Qu'il me soit permis de soumettre une seule observation à l'honorable comte Rodolphe de Maistre. Ce n'est pas, comme il le suppose, le dernier éditeur de l'*Antidote* qui a fait imprimer *hardiment* le nom de son illustre père en tête de ce livre. L'éditeur n'a fait que le copier sur la première édition, qui le désignait à ne pas s'y tromper, et sur une autre dont le frontispice le porte en toutes lettres. Il peut donc se croire suffisamment disculpé de ce reproche de *har-*

(1) *Lettres et Opuscules*, t. Ier, p. 56.

diesse. Il n'aurait fait après tout que suivre l'opinion des contemporains (1), dont le témoignage, suivant les règles élémentaires de la critique, a toujours plus d'autorité et de valeur que celui des modernes.

Ajoutons que jusqu'en 1817 Joseph de Maistre ne voulait pas s'avouer l'auteur des *Considérations*, et qu'il s'indignait contre les *bourreaux de libraires* qui mettaient son nom sur le livre, malgré ses plus expresses défenses. S'il était permis alors de ne pas ajouter foi à l'auteur lui-même rejetant la paternité (2) d'un livre qui lui appartenait si légitimement, à plus forte raison serait-il impossible d'accepter, comme une preuve irrécusable, une simple anecdote à propos d'un ouvrage écrit il y a soixante ans, et dont les contemporains n'existent plus.

(1) On lit t. XII de la *Biographie nouvelle des contemporains*, publiée, en 1823, par des académiciens, des membres de l'Institut, des magistrats, etc., Paris, 1823, à l'article *De Maistre*: « *M. de Maistre est encore l'auteur du Congrès de Rastadt*, ouvrage auquel M. l'abbé de Pradt a eu beaucoup de part. »

(2) « Quand je songe que Napoléon a tenu entre ses mains et que la plupart de ses généraux ont acheté à Milan la 5e édition des *Considérations sur la France*, que JE N'AVOUAIS PAS A LA VÉRITÉ, mais que tout le monde m'attribuait, etc., etc. » (*Lettres et Opuscules*, t. Ier, p. 154.)

Il en fut de même de l'*Antidote*, que le noble proscrit avouait encore moins et que tout le monde lui attribuait aussi.

Pourquoi faut-il que cette thèse se trouve en présence d'une conviction inspirée par le plus respectable des sentiments ? Cette conviction, je ne puis, je n'ose lui résister qu'avec la plus extrême réserve. Je déclare même sincèrement que j'aurais été prêt à déserter une cause dont le triomphe ne me paraît plus douteux, pour peu qu'elle eût été de nature à froisser les délicates susceptibilités d'une famille digne de toutes les déférences et de tous les respects. Si l'*Antidote au congrès de Rastadt* eût pu diminuer l'admiration toujours croissante de l'Europe pour l'immortel philosophe, j'aurais écarté sur le champ, et sans hésiter, la pensée de le rendre à la lumière. Mais loin de là, comme je n'ai trouvé dans ce livre que de nouveaux titres pour Joseph de Maistre à l'estime de la postérité, je poursuis la démonstration de ma thèse sans le moindre scrupule.

II

« Je ne puis m'expliquer le pourquoi
« du subterfuge de l'abbé de Pradt. »

(M. J.-M. Quérard.)

Avant d'examiner la question bibliographique, il m'est indispensable d'éclaircir un fait important. Lorsque le comte de Douhet m'accuse d'avoir altéré le véritable titre de l'*Antidote*, dans la nouvelle édition de cet ouvrage, pour lui en substituer un autre, il commet une regrettable erreur.

Il paraît ignorer que l'édition originale a un double titre dont voici le texte : *Antidote au congrès de Rastadt, ou Plan d'un nouvel équilibre politique en Europe*, par l'auteur des *Considérations sur la France*. Londres, 1798. L'auteur du livre ayant, pour ainsi dire, laissé au public l'alternative de choisir entre ces deux titres, les nouveaux éditeurs ont commis le crime impardonnable de n'emprunter que ce dernier. J'ajouterai que le double titre se trouve plusieurs fois répété dans mon *Introduction*, et qu'après ce travail, il est imprimé en gros caractères en tête de l'ouvrage.

Je demanderai bientôt à l'honorable M. de Douhet ce qu'il pense de l'altération qu'a fait subir à l'*Antidote* l'éditeur de 1817 en retranchant sur le frontispice ces mots embarrassants : « par l'auteur des *Considérations sur la France*. »

Ceux qui ont étudié les hommes de notre époque dans les Mémoires et les biographies, ne trouveront ni étrange ni exagérée notre opinion sur l'ancien archevêque de Malines. On ne saurait donc nous prendre à partie sur ce point, nous qui, après tout, ne sommes qu'un écho affaibli de l'histoire.

Entrons dans le vif de la question bibliographique et prouvons qu'elle fournit à notre thèse un rempart inexpugnable. Sur ce terrain, plus de dénégations, plus de faux-fuyants possibles; les faits parlent assez haut; ils renferment la démonstration la plus complète et la plus claire de la vérité.

Laissons d'abord la parole à M. de Douhet :

« L'*Antidote au congrès de Rastadt*, dit-il, fut publié pour la première fois en 1798, à Hambourg, secrètement, sans nom d'imprimeur ni d'auteur, et tiré à un très-petit nombre d'exemplaires. L'abbé de Pradt, qui habitait alors cette ville, où il rédigeait le *Spectateur du Nord*, en compagnie de Rivarol, son ami et compagnon d'émigration, avait cru devoir ainsi se précautionner contre la terreur où était plongée l'Allemagne à la suite des triomphes fabuleux de la révolution française. Il y avait alors péril, et péril grave, à signer de son nom un livre tel que l'*Antidote*... Dans son numéro 8 de son *Mercure britannique*, Mallet du Pan examine ce livre et le qualifie de *prodigieux*. Mais il en ignorait l'auteur, et *comme la vigueur du style* et des aperçus pouvait le lui faire attribuer, malgré des différences profondes, à l'auteur anonyme des *Considérations sur la France*, qui avait ému l'Europe deux ans auparavant, Mallet, dans l'intérêt de sa cause, *fit réimprimer à Londres, sous ses yeux*, un exemplaire de Hambourg de l'*Antidote*, l'attribuant, *de sa propre autorité*, à l'auteur des *Considérations*. »

M. de Douhet, qu'il me permette de le lui dire, commet plusieurs graves erreurs, et il a jeté sur cette question, assurément sans le vouloir, une fâcheuse confusion. Restituons la vérité des faits. La première édition ne fut point imprimée à Hambourg. Je vais démontrer qu'elle n'est qu'un mythe inventé sans doute par celui qui avait absolument besoin de lui donner cette ville pour berceau.

Ouvrons les deux meilleurs traités sur cette matière :

1° Le *Dictionnaire des ouvrages anonymes et pseudonymes* de Barbier, t. Ier, sous le n° 920. Qu'y lit-on ? « *Antidote au congrès de Rastadt, ou Plan d'un nouvel équilibre en Europe*, par l'auteur des CONSIDÉRATIONS SUR LA FRANCE (ou plutôt par M. de Pradt). LONDRES, 1798, in-8°.

2° *La France littéraire* de M. Quérard. Elle offre absolument la même mention, sauf que M. Quérard suppose qu'au lieu de *Londres* il faut lire *Hambourg*.

Tous les biographes sont d'accord sur ce point que le frontispice de la première édition porte cette désignation : PAR L'AUTEUR DES CONSIDÉRATIONS SUR LA FRANCE, c'est-à-dire Joseph de Maistre. M. de Douhet est donc en contradiction avec tous les érudits lorsqu'il avance qu'il y eut une édition de Hambourg, *sans nom d'auteur*, qui aurait précédé celle que nous citons. On en comprend le motif; sans elle l'abbé de Pradt est fort compromis, et l'*Antidote* revient de droit à son véritable auteur.

Démontrons que l'édition citée par Barbier et par M. Quérard, la *première*, celle de 1798, a été véritablement imprimée à *Londres*, et non à *Hambourg*, comme l'a supposé M. Quérard, qui a cru que la rubrique de *Londres*, sur le titre, était fausse, tandis qu'elle est la seule vraie, comme Barbier l'admet fort bien.

Dans mon *Introduction*, j'ai clairement démontré ce fait. Il est le nœud de la question, il domine toute la cause. On la redoute tellement, cette vérité, qu'on se cramponne opiniâtrement à la chimérique édition de Hambourg, indispensable à la cause de l'abbé de Pradt.

Plein de défiance contre mes appréciations sur une question si délicate, j'ai voulu consulter un homme compétent, et je me suis adressé à l'un de nos plus célèbres imprimeurs.

Voici la lettre qu'il m'a fait l'honneur de m'écrire :

« Monsieur,

« Je viens de lire votre Préface : je n'ai pas la prétention d'ajouter un seul mot à votre puissante argumentation; d'autres plus capables pourront vous offrir le concours de leurs lumières, mais je vous demande la permission de mettre sous vos yeux quelques remarques purement de métier, je désire qu'elles puissent vous paraître utiles.

« Je viens d'examiner attentivement :

« 1° *Essai historique sur la destruction de la ligue et de la liberté helvétique,* par J. Mallet du Pan. LONDRES, 1798, in-8°. Imp. *W. et C.* SPILSBURY, snow-hill, VIII et 296 pages.

« 2° *Antidote au congrès de Rastadt, ou Plan d'un nouvel équilibre politique en Europe,* par l'auteur des *Considérations sur la France.* LONDRES, 1798, in-8°, sans nom d'imprimeur, XXIV et 302 pages.

3° Quelques volumes du *Mercure britannique,* in-8°, LONDRES, 1798-1799.

« En ouvrant ces volumes (voyez l'influence des habitudes), j'ai été d'abord frappé de la parfaite ressemblance typographique de l'*Essai historique* et de l'*Antidote.* Un examen plus attentif m'a bientôt fait découvrir une foule de détails qui m'autorisent à dire que ces deux volumes sont certainement sortis des mêmes presses : non seulement les caractères sont les mêmes, ce que j'ai reconnu à n'en pouvoir douter (pour qui a l'habitude d'étudier la forme des caractères typographiques), mais chaque fonte présente des particularités qui ne permettent pas de les confondre. De plus, j'ai remarqué que dans les deux ouvrages les lames d'interlignes ont la même *force de corps* et la même *justification*. Par-dessus tout cela, une similitude complète dans la manière de mettre en œuvre ces matériaux, dans l'arrangement et les dispositions qui ne laissent aucun doute.

« Poussant plus loin mes recherches, j'ai voulu savoir si le papier m'apprendrait quelque chose; j'ai reconnu que dans les deux ouvrages le papier portait la même marque de fabrique : I. RENAULT, avec *un raisin à dix graines;* je ne saurais dire d'où vient ce papier, cette marque ne m'est pas connue.

« On peut, sans trop de hardiesse, affirmer que l'*Essai historique* et l'*Antidote* ont été imprimés dans la même imprimerie et vers le même temps.

« Le *Mercure britannique* présente une grande ressemblance dans le goût et les dispositions générales; les caractères, moins gros, sont de la même famille; je n'ai trouvé dans le papier aucune marque de fabrique.

« Il existe une variante dans la manière d'écrire le nom de l'imprimeur SPLISBURY ou SPILSBURY;

mais, en fait de fautes typographiques, il y a longtemps que je ne m'étonne plus de rien ; si mes ouvriers écrivaient mon nom avec quatre R de suite, je trouverais cela tout simple et conforme à leurs habitudes.

« Daignez agréer, Monsieur, etc.

« Signé : LOUIS PERRIN.

« Lyon, 28 mars 1859. »

Jusqu'à présent, la décision de l'habile typographe est restée sans réplique.

Dans le *Journal des Débats* du 27 mars dernier paraissait un article collectif de MM. Philarète Chasles et Quérard, qui, l'un et l'autre, soutenaient la cause de l'abbé de Pradt.

Je dois déclarer que mes arguments ont été si peu discutés dans ce journal, que le docte M. Quérard est allé jusqu'à prétendre que je n'ai consulté, sur cette question, ni sa *France littéraire*, ni le *Dictionnaire des ouvrages anonymes et pseudonymes* de Barbier, que j'ai expressément cités, pages XX et XXI de mon *Introduction*. Il s'ensuit que M. Quérard m'a jugé sans me faire l'honneur de me lire, et qu'il s'est borné à me discuter *à priori* et par intuition.

Le 5 avril, je m'empressai de répondre à M. Quérard dans le *Journal des Débats*.

La lettre de M. Louis Perrin accompagnait la mienne. Je n'examinais que la question bibliographique, et dès lors je devais supposer que M. Philarète Chasles se récuserait lui-même et qu'il laisserait la parole à un homme compétent. Je m'étais trompé. Ce fut le bibliographe qui se tut et le spirituel critique qui se chargea de me répondre. Voici la méthode qu'il employa ; elle est des plus ingénieuses et prouve la rare dextérité de M. Philarète Chasles dans les questions de linguistique. M. Louis Perrin déclarait formellement que la première édition de l'*Antidote* était sortie des presses de *Spilsbury*, imprimeur à Londres ; ce nom était embarrassant pour prouver que le livre avait été publié à Hambourg ; mais ce ne fut point un obstacle : le nom anglais de *Spilsbury* fut transformé en celui de *Splisburg*, nom germanique, et voilà comment fut résolue la question bibliographique.

La solution du problème découverte d'une manière si lumineuse, j'espérais que tout serait dit sur ce point, lorsqu'à ma grande surprise, j'ai lu dans une revue bibliographique le même article que M. Quérard avait fait paraître dans les *Débats*. Sans dire le moindre mot de la lettre de M. Louis Perrin, M. Quérard soutient encore, malgré l'évidence, que je n'ai consulté ni sa *France littéraire*, ni le *Dictionnaire des anonymes* de Barbier.

Je n'ai pas été moins étonné, je l'avoue, de cette étrange persistance que de cette facile méthode de discuter des arguments.

Mais suivons pas à pas M. Quérard dans sa dissertation.

Il commence par dire que *tous les biographes* considèrent l'*Antidote* comme étant de l'abbé de Pradt, et il ajoute plus loin : « M. de Chantelauze a donc eu le très-grand tort d'avoir voulu avoir raison, *lui seul, contre tous les biographes et bibliographes* qui donnent l'*Antidote au congrès de Rastadt* à l'abbé de Pradt. »

J'en demande bien pardon à M. Quérard, le mot *tous* n'est point exact. On lit, en effet, dans la *Biographie nouvelle des Contemporains*, publiée par MM. Arnault, de l'Institut, A. Jay, E. de Jouy, de l'Académie française, Norvins, etc., Paris, 1823, t. XII, p. 289, le passage suivant (article *De Maistre*) : « *M. de Maistre est encore l'auteur du Congrès de Rastadt*, ouvrage auquel M. l'abbé de Pradt a eu beaucoup de part. » De plus, l'édition originale, que j'ai entre les mains, porte ces mots sur son frontispice : « par l'auteur des *Considérations sur la France*, » c'est-à-dire par Joseph de Maistre; une autre édition de l'*Anti-*

dote, citée par M. Albert Blanc (*Mémoires, etc.*, p. 35), porte le nom de Joseph de Maistre en toutes lettres, et celui-ci n'a jamais réclamé, à supposer que ce fût *une supercherie* de l'abbé de Pradt, comme l'avance M. Quérard sans la moindre preuve.

Barbier, dans son *Dictionnaire des anonymes et des pseudonymes*, t. Ier, n° 920, dit que l'*Antidote au congrès de Rastadt* est de l'auteur des *Considérations sur la France* (ou plutôt de M. de Pradt). Londres, 1798, in-8°.

Remarquons d'abord que Barbier ne dit pas d'une manière nette et tranchée, comme le prétend M. Quérard, que le livre est de l'abbé de Pradt : en bon français, si je ne me trompe, *ou plutôt* signifie que Barbier penche à le croire, mais non qu'il en est parfaitement certain. *Ou plutôt* est une conjonction alternative et non affirmative.

Ainsi donc on ne saurait m'accuser « *d'avoir voulu avoir raison seul* » contre tous les biographes et bibliographes, puisqu'ils ne donnent pas tous l'*Antidote* à l'abbé de Pradt.

Plus loin M. Quérard conclut de ce que l'ancien bibliothécaire de Napoléon Ier a publié l'édition de 1821 des *Considérations sur la France*, d'après celle de Bâle, corrigée de la main de l'auteur, qu'*il était parfaitement renseigné sur le véritable auteur de l'Antidote*, et sa parenthèse au n° 920 de son livre, ajoute-t-il, est très-bien placée. » J'aurai l'honneur de faire observer au docte maître en bibliographie qu'en bonne logique cette dernière proposition ne peut être la conséquence rigoureuse de l'autre. S'ensuit-il de ce que Barbier a donné en 1821 une excellente édition des *Considérations* qu'il dût savoir quel était l'auteur de l'*Antidote?* En vérité, M. Quérard semble avoir oublié le nom que dans l'école on donne à ce singulier raisonnement.

Remarquons encore que Barbier, si bien informé sur cette question, selon M. Quérard, donne *Londres* comme le vrai lieu d'impression de l'*Antidote*. Il ne suppose pas que cette rubrique soit fausse et qu'il faille lire *Hambourg*. Quant à M. Quérard, dans la *France littéraire*, t. VII, p. 325, il n'hésite pas et déclare qu'au lieu de *Londres* il faut lire *Hambourg*. La seule raison qu'il donne pour trancher la difficulté (*Débats* du 27 mars), *c'est que l'abbé de Pradt était allé chercher un refuge dans cette ville pendant la révolution*.

M. Quérard tombe dans un cercle vicieux. Pour tirer de ce rapprochement une conclusion, il faudrait être certain que l'abbé de Pradt est l'auteur de l'*Antidote*. Or, c'est justement ce qui fait l'objet du débat.

Le lecteur voudra bien se rappeler que M. Philarète Chasles (voir le *Journal des Débats* du 5 avril) a lu dans la lettre de M. Louis Perrin le nom germanique *Splisburg*, au lieu du nom anglais de *Spilsbury*, et que cette lecture fautive lui a permis d'adjuger aux presses de Hambourg l'édition de Londres. Toute sa réfutation a roulé deux fois sur cette équivoque. Mais, au surplus, comme M. Philarète Chasles a déclaré qu'il dédaignait les *questions microscopiques*, il faut bien lui pardonner cette *infiniment petite erreur*. Elle n'avait pas laissé pourtant de me surprendre, ainsi que l'honorable typographe qui a bien voulu répandre sur cette question une si vive lumière. Voici ce qu'il m'a écrit à ce propos :

« Monsieur,

« Vous ne vous trompez pas : le caractère qui a servi à l'impression de l'*Antidote au congrès de Rastadt*, Londres, 1798, se retrouve dans les 120 premières pages du *Mercure britannique* de Mallet du Pan, Londres, 1799 (t. IV).

« Peut-être, Monsieur, avez-vous gémi comme

moi sur le malheur qui poursuit le pauvre SPILSBURY, dont le nom avait été déjà si mal orthographié : les *Débats* le nomment aujourd'hui SPLISBURG.

« Agréez, etc.

« Signé : LOUIS PERRIN.

« Lyon, 15 avril 1859. »

Il est donc prouvé, démontré jusqu'à l'évidence que la première édition de l'*Antidote* a été imprimée avec les mêmes caractères que les 120 premières pages du tome IV du *Mercure britannique*. Il s'ensuit donc rigoureusement qu'elle est de LONDRES, à moins que M. Philarète Chasles, entraîné par son humoristique fantaisie, ne suppose que le *Mercure britannique* a été imprimé à HAMBOURG.

Quelle conclusion tirer de ce fait? La voici, elle est importante. Puisqu'il est démontré que la *première édition* est sortie des presses de *Londres,* il est évident qu'elle ne peut avoir été faite que sur le MANUSCRIT de l'auteur. C'est pour échapper à cette dure nécessité que M. de Douhet, sans aucune preuve, avance qu'elle a été donnée d'après un exemplaire d'une fantastique édition de *Hambourg*, *sans nom d'auteur*, inconnue à tous les bibliographes, et que c'est

Mallet du Pan qui, de sa propre autorité, a mis ces mots mensongers sur le frontispice d'une seconde édition : « par l'auteur des *Considérations sur la France.* » Cette supposition évidemment a pour but de faire passer sur la tête de Mallet l'accusation que M. Quérard fait peser sur celle de l'abbé de Pradt, d'avoir employé ce subterfuge pour donner plus de retentissement à la première édition de son livre. Et remarquons en passant que M. Quérard, qui parle aujourd'hui si révérencieusement de l'archevêque de Malines, n'hésite pas cependant à le croire coupable d'une telle supercherie.

Suivons la chaîne de ces déductions :

Mallet du Pan habite *Londres;* il y demeure n° 19, *Woodstock street.* Il fait imprimer tous les mois le *Mercure britannique* chez Spilsbury. On sait qu'il est en fréquents rapports avec les émigrés, surtout avec Joseph de Maistre ; que le noble proscrit lui a déjà confié le soin de surveiller l'impression de son MANUSCRIT des *Considérations* et du MANUSCRIT de son opuscule intitulé : *Adresse à la Convention nationale*. Or, Mallet rend compte longuement de l'*Antidote* dans le *Mercure britannique,* imprimé chez Spilsbury. Comment douter dès lors que ce ne soit lui qui ait fait imprimer le MANUSCRIT de cet ouvrage, et que ce ne soit Joseph de Maistre lui-même qui le lui ait adressé, comme il lui avait confié déjà ses deux autres manuscrits pour en surveiller l'impression ?

Or, cet invincible dilemme se présente : ou Mallet du Pan a lu sur le titre du manuscrit ces mots significatifs : « par l'auteur des *Considérations sur la France,* » ou bien, sans scrupule aucun, sans crainte de blesser Joseph de Maistre, qu'il estimait, qu'il admirait, il aurait de sa propre autorité, sans le consulter, comme le suppose M. de Douhet, abusé de sa confiance au point de se servir de sa marque littéraire pour donner plus de vogue à l'*Antidote*. Il faut choisir entre cette impossibilité morale et la nécessité de proclamer Joseph de Maistre auteur du livre. Non seulement l'hypothèse du subterfuge de Mallet est invraisemblable, mais l'ouvrage que vient de publier, il y a quelques jours, le comte Rodolphe de Maistre, prouve combien elle est erronée.

On lit en effet, page 18 des *Quatre Chapitres inédits sur la Russie*, par le comte Joseph de Maistre, le passage suivant : « Le célèbre Genevois Mallet-Dupan, dans l'histoire intéressante qu'il a écrite de la catastrophe des Suisses, a laissé échapper *de sa plume franche et honnête* un mot bien remarquable, etc. (1). »

Si Mallet se fût rendu coupable du subterfuge dont l'accuse M. de Douhet, Joseph de Maistre eût-il, *quelques années après*, parlé de lui en ces termes?

Autres points de vue. — L'abbé de Pradt n'a-t-il pas reconnu tacitement que l'*Antidote* ne lui appartenait pas, puisqu'il n'a jamais réclamé *personnellement*, d'une manière nette et catégorique, contre ces mots de la première édition : « par l'auteur des *Considérations sur la France ?* »

Et si l'*Antidote* est de l'abbé de Pradt, comment Joseph de Maistre n'a-t-il pas protesté de son côté, une seule fois, contre une telle supercherie qui tôt ou tard pouvait lui attirer des désagréments ?

Retournons à Hambourg.

L'abbé de Pradt habite cette ville ; il y rédige avec Rivarol, son ami, le *Spectateur du Nord* ;

(1) Mallet du Pan fit imprimer à Lausanne l'*Adresse à la Convention nationale*, que lui avait envoyée De Maistre. Cet opuscule porte la date du 1er février 1793, et au mois d'avril suivant il est certain que De Maistre se réfugia à Lausanne ; il fut donc en rapports directs avec Mallet du Pan. (*Mémoires de l'Académie de Turin.*) M. Albert Blanc, dans les *Mémoires*, dit aussi que des relations s'établirent entre ces deux personnages.

il écrit tout ce qu'il veut dans ce recueil, sans crainte d'être inquiété. Hambourg est le refuge des émigrés, la capitale des pamphlétaires; on peut sans le moindre péril y braver les foudres du Directoire. L'abbé de Pradt a des presses à sa disposition, celles du *Spectateur*, et il aurait envoyé, sans aucune raison, son manuscrit à Londres pour l'y faire imprimer ! Cette supposition est repoussée avec raison par tous les partisans de l'abbé de Pradt, parce qu'elle n'est en rien motivée ; elle est naturellement détruite au surplus par l'opinion habilement répandue (on ne sait par qui ni comment) et acceptée sans contrôle par quelques bibliographes, que l'*Antidote* est sorti des presses de Hambourg.

D'ailleurs, comme il est prouvé (ce que M. de Douhet reconnaît lui-même) que Mallet a fait imprimer l'édition de l'*Antidote* qui porte ces mots sur le titre : « par l'auteur des *Considérations sur la France ;* » et comme il est démontré de plus que cette édition est la première, il faudrait supposer que l'abbé de Pradt, en usurpant la marque littéraire de Joseph de Maistre, aurait trouvé chez Mallet du Pan et Spilsbury de dociles complices de cette supercherie.

Cette hypothèse est inadmissible.

Mallet, qui savait fort bien à quoi s'en tenir,

disait dans le n° 8 de son *Mercure britannique*, évidemment afin de dépister la police, *que cette brochure avait été imprimée en Allemagne sous le nom de Londres*. L'opinion de Barbier et la lettre de M. Louis Perrin démontrent jusqu'à l'évidence que les paroles de Mallet n'étaient qu'une ruse de guerre, fort innocente en temps de révolution, n'en déplaise à la scrupuleuse casuistique de M. Philarète Chasles.

Mallet n'avait-il pas pris absolument la même précaution en sens inverse, en faisant imprimer, sous la fausse rubrique de Londres, une des premières éditions des *Considérations sur la France* ?

Qui pourrait lui en faire un crime?

Ainsi, puisqu'il est certain que la *première édition* de l'*Antidote* est de *Londres*, l'abbé de Pradt est rigoureusement évincé.

M. Quérard déclare *qu'il ne peut s'expliquer le pourquoi du subterfuge de l'abbé de Pradt* s'emparant, sur le titre d'un livre, de l'estampille d'un écrivain en renom. Nous le croyons sans peine; hors nos interprétations, ce fait serait vraiment inexplicable.

Notons en passant, et ce point est digne de remarque, que Joseph de Maistre, dans les ouvrages qui suivirent l'*Antidote*, au lieu de signer son nom, usait avec complaisance de cette formule : « par l'auteur des *Considérations sur la France*. L'*Essai sur le principe générateur* et la première édition *Du Pape* ne sont pas signés d'une autre manière.

M. Quérard avoue que « l'*Antidote a beaucoup d'analogie* avec les *Considérations*, et que c'est un des ouvrages les plus forts et les plus profondément pensés qui eussent encore paru contre les principes révolutionnaires. » Constatons que, sur ce point, M. Quérard n'est nullement de l'avis de son estimable collaborateur des *Débats*.

Le scrupuleux bibliographe, pour disculper l'abbé de Pradt de l'usurpation de l'*Antidote*, invoque sa dignité d'archevêque, d'ambassadeur, etc. Je ne puis que le renvoyer au tome VII de sa *France littéraire*, p. 326, pour lui remettre sous les yeux le portrait qu'il a tracé de ce fameux personnage.

M. Quérard dit qu'à deux reprises, en 1815 et en 1817, l'abbé de Pradt s'est reconnu l'auteur du livre. J'ose lui répondre qu'il ne s'est jamais *personnellement* déclaré pour tel.

En supposant que cela soit, qu'importe à la cause que je défends? N'ai-je pas prouvé jusqu'à l'évidence, dans mon *Introduction*, que Joseph de Maistre, constamment ambassadeur à Saint-Pétersbourg à partir de 1802, constamment haut fonctionnaire jusqu'à sa mort, ne pouvait s'avouer à aucun prix, sous peine de se compromettre et de trahir les intérêts de son maître, l'auteur d'un livre dans lequel il avait fait entendre aux rois de l'Europe, et en particulier à l'empereur de Russie, de si dures et de si éclatantes vérités? Des motifs plus forts que ceux qui l'obligèrent à garder si longtemps le silence sur les *Considérations*, le forcèrent de ne jamais le rompre pour l'*Antidote*. Ces interprétations sont tellement naturelles qu'elles ont eu pour conséquence toute simple les dénégations de deux familles.

Si Joseph de Maistre n'était pas le véritable auteur de l'*Antidote*, pourquoi n'a-t-il jamais protesté publiquement contre les deux éditions de cet ouvrage qui portent ou désignent son nom? pourquoi n'a-t-il pas réclamé contre l'opinion de ses contemporains qui lui attribuaient généralement cet ouvrage (1)?

Dans la conduite de l'abbé de Pradt, je ne

(1) « Peu après les *Considérations* parut un livre, non signé, sur le congrès de Rastadt; cet ouvrage, écrit par M. de Pradt, *fut généralement attribué à Joseph de Maistre;* il y eut même, en 1798, une édition clandestine imprimée à Paris sous la rubrique de Londres, où les *Considérations* et le *Congrès de Rastadt* sont réunis sous le nom de Joseph de Maistre. » (*Mémoires*, p. 35.)

vois que tâtonnements et contradictions. En 1815, sur le titre de son ouvrage intitulé *Du congrès de Vienne,* on lit ces mots : « par l'auteur de l'*Antidote au congrès de Rastadt.* » Mais que prouve cette mention, sinon que l'on se croyait alors à peu près sûr de ne recevoir aucun démenti?... et puis on était en 1815. Pourquoi d'ailleurs le nom de l'abbé de Pradt est-il entre deux parenthèses sur le frontispice? Les bibliophiles savent fort bien ce que signifient ces signes typographiques.

J'ouvre la préface *Du congrès de Vienne*, et j'y lis ces mots : « Alors (en 1798) parut l'*Antidote au congrès de Rastadt*, ouvrage dans lequel *on* essayait de suppléer aux oublis du congrès, etc., etc. » Ce pronom vague et indéterminé prouve-t-il que l'abbé de Pradt soit l'auteur du livre?

Et la fameuse découverte de M. Philarète Chasles le prouverait-elle mieux? Voici en quoi elle consiste. Dans le chap. VI de son livre *Du congrès de Vienne*, l'abbé de Pradt reproduit textuellement une partie du chap. III de l'*Antidote*, et au bas de sa citation il met cette simple note : « Dans ce chapitre, tout ce qui est marqué par des guillemets est extrait de l'*Antidote au congrès de Rastadt.* » Voilà ce que M. Philarète Chasles prend pour une reconnaissance formelle.

N'est-il pas évident que l'abbé de Pradt ne se donne pas plus, dans cette note, pour l'auteur de l'*Antidote*, qu'il ne se proclamerait l'auteur du Pantateuque pour lui avoir emprunté quelques versets ?

En 1817 paraît une nouvelle édition de l'*Antidote* suivi de *la Prusse et sa neutralité*. Comment se fait-il qu'elle ne porte aucun nom d'auteur ? M. Quérard et M. de Douhet voudront-ils bien m'expliquer pourquoi, sur le titre de cette édition, une main mystérieuse a effacé ces mots : « par l'auteur des *Considérations sur la France*, » et pourquoi le nom de l'abbé de Pradt, lorsqu'il n'y avait plus aucun danger pour lui, ne figure pas sur le même frontispice ? D'où vient ce nouveau mystère ? Si le titre *Du congrès de Vienne* disait vrai en le désignant comme l'auteur du livre, pourquoi ne l'avoue-t-il pas sur le frontispice même de l'*Antidote ?*

La préface de l'éditeur Béchet, en tête de l'édition de 1817 de l'*Antidote*, est-elle plus explicite ? Nullement. Voici ce que dit l'éditeur :

« L'auteur de ces deux écrits, dit-il en parlant de l'*Antidote* et de *la Prusse* réunis ensemble, *ne s'était jamais fait connaître*... (Que devient alors la lettre du prince de Condé ?) Longtemps le premier (l'*Antidote*) *fut attribué à*

M. le comte de Mestre (sic), magistrat d'une cour supérieure de Sardaigne, auteur d'un ouvrage qui avait eu quelque éclat sur la révolution. Le temps a rendu à chacun ce qui lui appartenait... L'auteur de ces ouvrages que nous réimprimons habitait l'Allemagne au moment de leur composition. »

Constatons ce précieux aveu que l'ouvrage fut longtemps attribué à M. le comte de *Mestre*. Mais pourquoi ce nom mal orthographié? pourquoi n'ose-t-on pas nommer l'abbé de Pradt? pourquoi toutes ces obscurités et ces détours, sinon afin d'en être quitte, le cas échéant, pour désavouer le malencontreux éditeur qui ne sait pas même écrire un *nom si connu* de l'abbé de Pradt? D'ailleurs, à qui aurait pu s'en prendre Joseph de Maistre, puisque l'abbé de Pradt n'était nommé ni sur le titre ni dans la préface?

Encore une fois, je ne trouve nulle part une déclaration formelle et personnelle de l'ancien archevêque de Malines attestant qu'il se reconnaît comme l'auteur de ce livre.

Aucune édition de l'*Antidote* ne porte son nom, tandis que deux éditions portent ou désignent celui de Joseph de Maistre.

Je n'aperçois dans tout cela qu'une habile manœuvre pour s'emparer d'un bien que l'on suppose en déshérence, et que le propriétaire ne pourrait d'ailleurs revendiquer contre le nouvel occupant, qui a si grand soin de ne pas faire connaître son nom et qui se cache dans un demi-jour si mystérieux.

« Voilà donc M. R. de Chantelauze, ajoute M. Quérard, *atteint et convaincu d'avoir commis une imposture littéraire, involontaire à la vérité,* en donnant au public, comme un ouvrage inconnu du comte Joseph de Maistre, une *troisième édition* d'un écrit de l'abbé de Pradt. »

A l'égard de cette *troisième édition* que j'aurais substituée à la première, M. Perrin a répondu pour moi, puisque, *suivant M. Quérard lui-même,* la première édition seule porte sur son titre cette mention : « par l'auteur des *Considérations sur la France,* » et que j'en possède un exemplaire, n'en déplaise à M. Quérard.

Quant à savoir comment on peut commettre une *imposture involontaire,* c'est ce que j'ignore. Je comprendrais *erreur involontaire, faute involontaire ;* mais, à moins que je ne me trompe, il me semble qu'il est contre toutes les règles de la logique et du bon sens le plus vulgaire de dire qu'une *imposture,* dont l'idée implique une *intention formelle de tromper,* puisse être *involontaire.* Quel que soit le sens que mon incorruptible censeur ait voulu attacher à ces expressions, je lui dirai très-franchement que je regarde toutes ces insinuations du haut de ma conscience. Grâce à Dieu, je me crois fort à l'abri de toutes les attaques de ce genre, et je plains sincèrement ceux qui en sont réduits à se servir de pareilles armes au profit de leur argumentation. La science, la critique ne sauraient-elles donc user d'un autre langage? y perdraient-elles quelque chose de leur force et de leur clarté? Je ne le pense pas. Mais ce dont je suis certain, c'est qu'elles ne pourraient qu'y gagner en dignité et en convenances.

M. Quérard répète en terminant ce qu'il avait déjà dit : *que rien n'était plus facile que d'éviter cette grave erreur*, de prêter à Joseph de Maistre un livre de l'abbé de Pradt, et il ajoute que pour cela je n'avais qu'à ouvrir le *Dictionnaire des anonymes et des pseudonymes* de Barbier et la *France littéraire* de M. Quérard. Comme j'ai eu l'honneur de lui prouver que je ne méritais point *un si grave reproche* et que c'était au contraire l'infaillible bibliographe qui n'avait pas jugé à propos de me lire, il s'ensuit que mon *Introduction* à l'*Antidote* n'a pu être critiquée par lui sciemment, et qu'il a prononcé son arrêt à la façon du président de Baugé, c'est-à-dire sans entendre la cause.

III

« Je préfère encore les preuves morales :
« ce sont celles qui me touchent le plus. »

« M. PHILARÈTE CHASLES. »

(*Joseph de Maistre et l'abbé de Pradt. Journal des Débats* du 27 mars 1859.)

De tous les arguments sur lesquels on peut étayer la thèse que le livre est de Joseph de Maistre, il n'en est pas de plus solides, de plus forts que ceux qui résultent des analogies philosophiques. Déjà, dans mon *Introduction*, j'avais indiqué à ce point de vue la parfaite ressemblance de l'*Antidote*, non seulement avec les *Considérations*, mais, ce qui était bien plus décisif, avec certaines œuvres postérieures de Joseph de Maistre. La critique superficielle a jugé prudent de ne pas aborder ce terrain. La critique sérieuse m'a donné pleinement raison. Il ne pouvait en être autrement. S'il faut admettre, en effet, que l'abbé de Pradt ait voulu faire dans l'*Antidote*, publié en 1798, un *pastiche* des idées et du style des *Considérations*, parues en 1796, comment supposer qu'il ait pu d'avance, par intuition, imiter ou copier certaines pensées caractéristiques de Joseph de Maistre qui n'existaient point encore à l'état de formule, et que l'on trouve dans le livre *Du Pape* et les *Soirées*, publiés vingt ou vingt-cinq ans plus tard? Cette impossibilité démontrée, il ne restera plus à mes adversaires qu'une hypothèse, c'est que le génie de l'auteur *Du Pape* a du s'inspirer du *premier*, de l'*unique* essai philosophique de l'abbé de Pradt.

Les ressemblances philosophiques de l'*Antidote* avec les œuvres de Joseph de Maistre sont si frappantes qu'il serait puéril de les nier. Je vais les remettre sous les yeux du lecteur avec quelques développements nécessaires.

« L'homme s'agite et Dieu le mène. »

Tel est le point de départ de la théorie de Joseph de Maistre pour expliquer les rapports de l'homme avec Dieu et les lois de la Providence pour régir le monde. D'après cet ingénieux système, la liberté de l'homme est pleinement sauvegardée, même sous l'action divine. C'est dans les *Considérations* que l'on voit poindre les premiers germes de cette théorie appliquée à la politique, et que Joseph de Maistre développera plus tard avec tant de puissance et de clarté.

On sait quelle fut la cause occasionnelle qui suscita le génie de cet incomparable écrivain. Proscrit, spolié par la révolution, froissé dans toutes ses affections et dans toutes ses croyances, il fut en quelque sorte *illuminé* par elle. Il examina le fléau dans toutes ses profondeurs et sous toutes ses faces. Il concentra sur lui toutes les forces de son intelligence, et il sut en découvrir les causes et les lois avec une lucidité qui tient du prodige. Placé à distance du volcan, assis au sommet des Alpes, il put l'embrasser dans son ensemble, de même que les premiers hommes, du sommet des plus hautes montagnes, pouvaient contempler l'horrible spectacle de la destruction universelle par les grandes eaux du déluge.

Joseph de Maistre voit dans la révolution un fait providentiel... Si Dieu punit, c'est pour régénérer... Suivant lui, la guerre est une *purification;* le sang répandu par la Terreur servira à la fois de châtiment et de rançon à l'humanité. Si des milliers d'innocents ont péri, Dieu a voulu que leur supplice pût racheter même les plus grands criminels. C'est la théorie de l'expiation, le système de la *réversibilité des douleurs de l'innocence au profit des coupables*, que De Maistre développera plus tard dans les *Soirées de Saint-Pétersbourg* et surtout dans l'*Eclaircissement sur les sacrifices*. Cette loi de réversibilité est une conséquence, un développement du mystère de la rédemption; Dieu accepte les douleurs et la mort d'une victime innocente en expiation des crimes d'un scélérat, de même qu'il a permis que Jésus-Christ mourût pour sauver le genre humain. La réversibilité, c'est la doctrine de la solidarité fraternelle des hommes, étendue au-delà des bornes de la vie, et servant de correctif à la solidarité de la tâche originelle.

Or, cette théorie, De Maistre en fait une large application à la politique. De même que les hommes sont solidaires entre eux devant la Providence, de même les nations. La France, suivant lui, a été choisie de Dieu pour servir de victime expiatoire et pour sauver le genre humain ; c'est le sang qu'elle a versé qui doit « régénérer la postérité. »

Eh bien ! cette pensée fondamentale, caractéristique du système de Joseph de Maistre, elle se retrouve dans l'*Antidote :* « Il est des cas dans lesquels l'homme sert de rançon à l'homme, l'individu à la société ; alors son sang est légitimement et saintement versé. »

Dans les *Considérations*, De Maistre avait examiné le caractère philosophique, les causes de notre révolution ; dans l'*Antidote*, l'auteur en montre les effets, et détermine, avec une profondeur inconnue jusqu'alors, les lois de ce monstrueux phénomène. Seul, au milieu de l'aveuglement général, il comprend qu'il ne s'agit plus de la révolution anglaise, mais d'une révolution qui s'appuie sur des principes métaphysiques, c'est-à-dire d'une révolution *universelle et sociale*.

Qu'on ouvre le premier chapitre de l'*Antidote*, et si l'on veut bien se reporter à l'époque où il a été écrit (1798), on sera obligé de conclure qu'un seul homme pouvait concevoir alors de telles idées. Quels sont, suivant l'auteur, les caractères particuliers de la révolution française ? l'*universalité*, la *mobilité*, l'*incompatibilité*, la *rapidité*.

Suivent d'admirables développements.

1° Elle est radicale et *universelle* : « Religion, mœurs, langage, démarcation des empires, forme des gouvernements, classement des hommes entre eux, tout est effacé, tout est confondu... La révolution est appelée à tout détruire ou à être détruite. Elle s'étend à tous les hommes, à tous les pays; elle trouve partout des passions à remuer, et peut n'avoir d'autres limites que celles du monde. » « Elle a pour point de départ une doctrine nouvelle et des principes généraux applicables, par leur nature, à tous les pays et à tous les hommes... » « Religion, morale, gouvernement, elle atteint tout, elle renouvelle tout. »

La révolution s'appuie sur deux grands principes : « l'unité des nations et les limites naturelles des empires. » Elle rêve la république universelle : « elle ne regarde comme légitime que le gouvernement représentatif; tout le reste est usurpation, erreur, violation de tous les droits; tout le reste est marqué d'une tache de péché originel que le seul baptême de la révolution peut effacer. » « Le plan total existe, etc., etc. C'est le plus vaste plan de séduction qui ait été conçu et le plus large filet qui ait jamais été jeté sur l'espèce humaine. »

Que l'on parcoure maintenant la *Correspondance* et les *Mémoires* de Joseph de Maistre, on y trouvera sans cesse les mêmes jugements sur la révolution. Nul ne me démentira sur ce point. L'idée que la révolution française devait être *universelle* était alors si neuve, si extraordinaire, que M. Louis Binaut, dans un remarquable article sur Joseph de Maistre, publié dans la *Revue des Deux Mondes*, n'hésite point à s'exprimer ainsi : « Trouverait-on vers 1810 quelqu'un qui eût défini aussi grandement cette révolution *dont la base est le monde*, dont l'importance égale celle de la chute de l'empire romain, et qui a, pour ne plus reculer, mille et mille raisons? etc. »

2° « La *mobilité* est un des attributs principaux de la révolution française. Variable dans tout le reste, c'est dans son principe qu'elle est invariable et fixe. » Elle change sans cesse de constitutions et de manières d'être, elle affecte toutes les formes; « c'est un Prothée qui multiplie sans cesse ses métamorphoses. »

3° « Il y a dans son essence un principe d'*incompatibilité* avec tout ce qui n'est pas elle, *avec tout ce qui a existé avant elle, avec tout ce qui existe autour d'elle*. »

« Il nous conviendra d'examiner si la république française peut coexister avec l'Angleterre, » a dit Monge au Directoire. Voilà qui est parler conséquemment et clair, et qui n'est pas dit pour la seule Angleterre. » Et l'auteur déroule cette curieuse thèse, en s'appuyant sur des faits nombreux et concluants : il montre que les républiques de Gênes, de Venise et de

Suisse ont été détruites pour la même raison que les Etats du Pape, parce que leur forme de gouvernement était *incompatible* avec le type révolutionnaire. « Il faut de gré ou de force faire entrer les républiques et les monarchies dans les moules de la révolution. Tel sera le sort commun. »

Arrivons à une démonstration qui est comme un trait de lumière. Un des arguments les plus forts qu'emploie l'auteur de l'*Antidote* contre la république française, c'est qu'elle offre un perpétuel spectacle d'*instabilité*. Sans cesse la scène change et se renouvelle, sans cesse des hommes nouveaux font place à des hommes plus nouveaux encore. « Bientôt le monde sera trop étroit pour l'hydre de tant d'émulations et de projets. Le remplacement de quelques législateurs fait mille fois plus de mouvement en France que n'en a fait dans le nord celui de trois de ses principaux souverains, et les bancs de ces obscurs sénateurs se vident et se remplissent à plus grand bruit que les plus grands trônes. »

Et comme l'auteur de l'*Antidote*, à la grande différence de l'abbé de Pradt, a l'esprit essentiellement généralisateur, il cherche à découvrir la loi de la durée moyenne de la vie des gouvernants, et il conclut au profit de la monarchie, qui, sous ce rapport, lui semble offrir tous les gages de durée et de stabilité.

« Si Joseph de Maistre hasarde une conjecture, dit avec beaucoup de justesse M. Louis Binaut, sur l'avenir des dynasties royales, ou de la révolution, ou du premier consul, il lève les yeux sur l'humanité et y cherche quelque *commune loi* qui puisse l'éclairer sur le fait présent. C'est là en effet la direction constante de son esprit, et c'est ce qui explique son penchant à prédire, car la prédiction suppose des lois régulières dans la marche des choses humaines. Toute sa philosophie repose sur ces deux bases, les lois du monde et l'histoire qui les manifeste et les confirme. »

Eh bien ! l'une de ces *communes lois* dont la conception est si originale, on en voit la première ébauche dans l'*Antidote,* et plus tard, *vingt-un ans après,* elle atteint ses derniers développements dans le livre *Du Pape.*

Ceux qui soutiennent que l'abbé de Pradt a fait un *pastiche* des *Considérations* n'oseront prétendre, je suppose, qu'il ait possédé le don de seconde vue, au point d'imiter le livre *Du Pape* qui ne fut publié qu'en 1819. Au reste, voici en regard l'un de l'autre ces deux curieux fragments :

Antidote, p. 25. — « On a remarqué que l'époque augustale a compris un espace de 160 ans pour 70 empereurs, c'est-à-dire un peu plus de deux ans pour chacun, tandis que la France n'a compté que 66 rois pendant 1400 ans, c'est-à-dire un peu plus de vingt ans pour chacun. Les huit années de la révolution ont donné à la France plus de chefs que la troisième race n'a donné de rois pendant soixante-dix ans. Le trouble d'une part, le calme de l'autre, expliquent cette immense différence. »

Du Pape, t. II, chap. v. — De Maistre consacre ce chapitre à généraliser le même calcul. Il y examine quelle est la durée moyenne de la vie des princes, et il conclut en disant que *les règnes européens* excèdent, *même depuis longtemps, le terme de vingt ans, et s'élèvent, dans plusieurs Etats catholiques, jusqu'à vingt-cinq ans.*

Je livre ce problème à l'examen consciencieux de mes adversaires.

Au reste, à chaque page de l'*Antidote* on rencontre quelques uns de ces aperçus marqués au coin particulier de Joseph de Maistre, et que l'on retrouve seulement dans ses ouvrages postérieurs à ce livre. Ainsi, en choisissant au hasard, je lis, page 202 de l'*Antidote,* première édition, cette phrase caractéristique : « En politique comme dans tout le reste, l'*Art de vérifier les dates est très-bon à consulter.* » J'ouvre les *Mémoires de Joseph de Maistre*, et j'y rencontre (page 129) cette pensée identique : « Au fond je crois que le livre le plus utile à consulter, avant de mettre la main à l'œuvre, c'est l'*almanach;* si l'on oubliait un moment que nous sommes en 1804, l'ouvrage serait manqué. »

Dans l'*Antidote* (page 3) je trouve cette proposition sur la *perfectibilité* humaine, à laquelle ne cessa de croire l'auteur des *Soirées*, et qu'il poussait même jusqu'à ses plus extrêmes limites : « L'homme développait (en Europe), avec un grand succès, un de ses plus nobles attributs, la *perfectibilité.* »

Et, sept ans après, dans une lettre de Joseph de Maistre au chevalier de Rossi (10 juin 1805), cette même idée : « Le Sarde est dépourvu du plus bel attribut de l'homme, la *perfectibilité.* »

Ainsi, quand on compare les idées philosophiques générales ou particulières de l'*Antidote* avec les œuvres antérieures ou postérieures de Joseph de Maistre, on est frappé de leur parfaite concordance. Il n'est pas jusqu'au titre même de ce curieux livre qui ne dévoile son véritable auteur. Page 185 de l'ouvrage de Joseph de Maistre intitulé *De l'Eglise gallicane*, ne trouve-t-on pas ce même mot employé dans le même sens, c'est-à-dire au figuré ? « Ce même sermon (de Bossuet) sur l'*Unité*, que mille écrivains nous présentent comme l'expression même et la consécration des quatre articles, tandis qu'il en est l'*antidote.* »

Que conclure de ces comparaisons, de ces analogies, sinon qu'il y a similitude complète, au point de vue philosophique, entre l'auteur de l'*Antidote* et l'auteur du livre *Du Pape?*

De Maistre est un esprit essentiellement synthétique, qui, de l'observation attentive et profonde des faits, tend sans cesse à découvrir et à formuler la loi générale qui les régit.

Que les partisans de l'abbé de Pradt découvrent dans tous ses ouvrages, depuis le premier jusqu'au dernier, les traces de ces théories si profondes, si originales; qu'ils nous expliquent comment certaines propositions caractéristiques de l'*Antidote*, dont on ne voit aucune donnée dans les innombrables brochures de l'archevêque de Malines, se trouvent développées dans le livre *Du Pape*, dans les *Soirées de Saint-Pétersbourg*, et dans toutes les œuvres ultérieures de Joseph de Maistre. Puisque le germe de ces idées n'était point éclos lors de la publication de l'*Antidote*, il faudrait en conclure, si l'on persiste à dénier que le livre appartienne à Joseph de Maistre, que son maître en philosophie fut l'abbé de Pradt. Il faudrait reconnaître que, dans leurs œuvres respectives, l'écolier serait devenu le maître, et que le maître n'aurait plus été qu'un écolier. L'un n'aurait cessé de monter, l'autre de descendre. L'abbé de Pradt aurait débuté par une œuvre remarquable et originale pour aboutir aux *Quatre Ages des colonies*. Il suffit d'énoncer une telle proposition pour en démontrer toute l'invraisemblance et la puérilité.

Une dernière objection nous est présentée, essayons de la résoudre.

M. Frédéric Morin, agrégé de philosophie, a victorieusement établi, dans un fort curieux article inséré dans la *Revue de l'Instruction publique*, que, de 1780 à 1805, Saint-Martin, l'illuminé, fut très à la mode et fort goûté même à la cour. On sait, à n'en pas douter, que Joseph de Maistre avait fait des œuvres de Saint-Martin une lecture approfondie, et l'on croit même qu'il lui aurait emprunté quelques unes de ses théories. Ne pourrait-il donc pas se faire que l'abbé de Pradt eût puisé d'abord à cette source comme Joseph de Maistre ? Il n'y a rien d'absolument impossible dans cette hypothèse ; mais, dans tous les cas, elle est assez invraisemblable. En effet, dans tous les ouvrages de l'abbé de Pradt postérieurs à l'*Antidote*, on ne remarque nullement l'influence de ces théories, tandis qu'on les rencontre à chaque page dans Joseph de Maistre. Et à supposer que l'abbé de Pradt ait été philosophe, au moins une fois en sa vie, il sera toujours impossible d'admettre qu'il ait pu formuler des pensées fondamentales dont le germe n'existe pas dans Saint-Martin, et dont les développements ne se voient que dans la correspondance et les *Soirées*.

Enfin il est une preuve invincible et irréfutable. L'abbé de Pradt, ancien membre de la Constituante, ne cesse dans tous ses ouvrages de se glorifier d'avoir fait partie de cette mémorable assemblée. L'auteur de l'*Antidote*, au contraire, la traite sans le moindre égard; il n'a pas plus de respect pour les hommes intègres de 89 que pour les dictateurs de 93, et si Joseph de Maistre est l'auteur de l'*Antidote*, il est parfaitement conséquent avec lui-même, lui qui en toute circonstance a confondu dans la même exagération de haine Robespierre et Bailly, Barnave et Danton.

De Maistre dit dans les *Considérations* : « La noblesse envoya 284 députés à ces Etats généraux, *de funeste mémoire*, etc. »

Dans le même ouvrage, « il a écrasé de son mépris et de ses sarcasmes les constitutions à la mode anglaise, les assemblées représentatives, la liberté de la parole, la liberté de la presse et toutes les inventions politiques de nos jours, » « qui excèdent en folie ce que tous les *Bedlams* de l'univers peuvent enfanter de plus absurde et de plus extravagant. »

L'abbé de Pradt, ancien constituant, eût-il tenu ce langage? Voici la preuve du contraire :

« Quels sont ces infatigables fabricateurs de lois, dit l'auteur de l'*Antidote*, p. 24, qui revêtent autant de toges qu'ils savent donner d'interprétations à leurs versatiles décrets : *députés constituants, législatifs, conventionnels?...* »

Dans plusieurs autres passages du même livre, les hommes de la Constituante ne sont pas plus ménagés : La Fayette y est mis, par exemple, sur la même ligne que le baron Anacharsis Clootz.

« C'est à l'Assemblée Constituante, dit l'abbé de Pradt dans ses *Mémoires historiques sur la révolution d'Espagne*, que l'Europe a l'obligation de sa nouvelle existence. *Que cette assemblée laisse déclamer contre elle, sa justification est faite.* Par qui d'ailleurs cette assemblée est-elle attaquée? par des hommes qui, dans son sein peut-être, n'auraient pas osé franchir la première marche de sa tribune. »

Il serait incompréhensible que l'abbé de Pradt, ancien constituant, eût voulu se lapider de ses propres mains.

IV

« *Je ne choisis rien*, les expressions se
« précipitent : *monte decurrens velut amnis.* »

(J. DE MAISTRE.)

Abordons la question du style, la seule jusqu'à présent que l'on ait discutée plus ou moins sérieusement. Tous les critiques qui l'ont examinée conviennent qu'il y a des traits de ressemblance évidents entre Joseph de Maistre et l'auteur de l'*Antidote*.

M. de Douhet lui-même veut bien le reconnaître. « Des rapports de correspondance avec l'auteur des *Considérations*, dit-il, ou simplement la lecture dévorée avec ardeur de cette œuvre profonde, ont pu déteindre *sur l'abbé de Pradt jusqu'à lui faire enfanter son premier ouvrage dans des conditions de style et de pensée différentes de celles qui suivirent ; cela est possible et même probable*. Sans doute l'*Antidote*, écrit à la lueur des foudres et des triomphes étonnants de la première république, dans le feu de la jeunesse et les peines de l'exil, est plus fortement pensé que la plupart des autres œuvres de l'auteur, bien que la célèbre brochure : *la Prusse et sa neutralité*, qu'il fit paraître l'année suivante, ne lui soit aucunement inférieure. Néanmoins, entre ce style et celui de De Maistre, quelle disparité, quel abîme pour un observateur réel ! L'imprévu de l'ironie, la spontanéité de l'insulte, le coup d'estoc étincelant comme un éclair qui fulgure sans cesse dans l'auteur des *Soirées de Saint-Pétersbourg*, ne se voient plus ici. »

Nous regrettons ne n'être nullement de l'avis de M. de Douhet sur ce dernier point. C'est précisément, suivant nous, par l'âpreté et la force de l'ironie, par l'amertume de l'insulte, que se distingue l'*Antidote* dans certaines parties. Se peut-il rien de plus cruellement ironique que certains passages contre l'aveuglement des potentats de l'Europe en 1798, rien de plus amèrement dédaigneux que les réflexions de l'auteur sur la chute honteuse des gouvernements de Hollande et de Venise ? Et ces portraits des hommes du Directoire, ces *vautours tricolores* qui dictent la loi à toute l'Europe, ces

Solons qui vont établir les républiques *à coups de sabre*, etc., n'est-ce pas du Joseph de Maistre dans toute sa rudesse savoisienne? n'est-ce pas le même homme que l'on retrouve dans la *Correspondance inédite* et les *Mémoires* ?

Qu'on lise attentivement le premier chapitre de l'*Antidote*, et, si après l'avoir lu, médité, au point de vue littéraire comme au point de vue philosophique, on n'y reconnaît pas la griffe de Joseph de Maistre, je consens à perdre ma cause.

Remettons sous les yeux du lecteur quelques fragments qui portent évidemment cette inaltérable empreinte :

« La révolution brise d'abord les empires, elle en jette les morceaux dans ses creusets. Déjà six nouvelles républiques en sont sorties, et la vieille Europe paraît destinée à subir le rajeunissement de Médée. »

« La révolution est une secte armée, procédant *systématiquement* à l'accomplissement de ses vues par l'établissement d'une nouvelle doctrine religieuse, politique et *sociale*, par tous les moyens réunis de la tyrannie et des gouvernements réguliers, par tous les arts des peuples policés et par la férocité des sauvages ; assemblage ineffable de contradictions, qui rapproche la civilisation de la barbarie, l'héroïsme du courage de la bassesse de la peur, les plus vives lumières de la plus épaisse ignorance, et qui, réunissant ainsi les incompatibles, sait les faire concourir au même but. » (Chap. 1er.)

. . . .

« La révolution a ébranlé les facultés morales des hommes autant que les bases des gouvernements. Tout ce qui peut séduire la multitude, troubler les esprits, embraser les cœurs, toutes ces dangereuses amorces se trouvent réunies dans la révolution. *C'est le plus vaste plan de séduction qui ait été conçu et le plus large filet qui ait été jeté sur l'espèce humaine.* » (Chap. VIII.)

Puis comparant les révolutions ordinaires à la révolution française :

« Là, c'étoit une inondation partielle, un débordement de quelques instants. Ici, c'est le naufrage complet de toutes les institutions anciennes, englouties par l'ouverture des cataractes révolutionnaires; et, comme au temps du premier déluge, les hommes rient et boivent à la face d'une pareille catastrophe. »

. . . .

Plus loin se trouve cette admirable image qui peint avec tant d'originalité la décrépitude de l'Italie : « Là, comme dans l'Arioste, on marchoit encore et l'on étoit déjà mort. Les Français n'y ont pas été trompés. *Semblables à ces squelettes d'Herculanum qui tomboient en poussière au premier contact de l'air, ces misérables gouvernements n'ont pu soutenir la seule approche des Français.* »

Où rencontrer dans toutes les œuvres de l'abbé de Pradt de telles pensées traduites d'une manière si grandiose ?

Si pourtant je me suis exprimé avec un réel enthousiasme sur le remarquable style du premier chapitre et de certains autres passages du livre, je n'en ai pas moins mis quelques restrictions à mes éloges. Voici ce que je disais dans une note : « Les nombreuses incorrections de style que renferme l'*Antidote* sont de même nature que celles dont fourmillent les premières éditions des *Considérations sur la France*. L'auteur, dans ses premiers ouvrages, était loin d'avoir atteint la pureté de style des *Soirées de Saint-Pétersbourg.* »

On sait, en effet, que Joseph de Maistre était peu satisfait des premières éditions des *Considérations*, soit que les imprimeurs eussent défiguré sa pensée, soit qu'il l'eût exprimée d'une manière trop incomplète. C'est ce que Mallet du Pan constate dans la préface des *Considérations* de 1797 : « Il paroît, dit-il (en parlant de la *copie originale de cet ouvrage qu'il avait entre les mains pour la faire imprimer*), que ce manuscrit, *chargé de ratures*, n'a pas été revu par l'auteur, et que son travail est incomplet; de là quelques négligences de diction, quelques incohérences, et une précision quelquefois trop sèche dans certains raisonnements trop affirmatifs. »

Ce n'est que plus tard, dans l'édition définitive des *Considérations*, que l'on trouve une plus grande pureté de style; encore ce livre est-il loin de valoir les *Soirées* pour la beauté de la forme; on y rencontre même plus d'une phrase *déclamatoire* tout à fait dans le goût de l'*Antidote*.

Quant à ce dernier ouvrage, il est écrit avec une verve singulière; la critique le reconnaît. La colère y éclate à chaque page en soudaines et violentes objurgations adressées aux rois; c'est une lave brûlante, mais une lave mêlée de scories.

M. de Douhet ne peut s'expliquer le langage irrité de Joseph de Maistre dans l'*Antidote*. « Non, dit-il, la colère n'est pas venue à M. de Maistre, puisqu'il n'était pour rien dans la politique courante d'alors. » Quoi ! M. de Maistre n'était pas *dans la politique courante*, lui dont tous les biens avaient été confisqués, lui qui avait déjà connu la proscription, les misères de l'exil, lui qui, l'année même où parut l'*Antidote* (1798), assistait à l'écroulement de la monarchie piémontaise(1), et qui, porté sur la liste des émigrés, devait fuir une seconde fois, le 28 décembre de cette même année, pour chercher un refuge à Venise, en proie au plus profond dénuement, et, pour comble de douleur, séparé de tous les siens! Comprend-on dès lors l'implacable colère de cette ardente nature contre la révolution française, et se rend-on suffisamment compte que Joseph de Maistre puisse être l'auteur de ce véhément pamphlet? Ceux qui trouvent ce langage trop emporté dans la bouche du Savoyard proscrit et persécuté, n'ont certainement pas lu sa correspondance. Le trouveraient-ils donc plus naturel dans la bouche d'un ancien archevêque français?

L'*Antidote* est un ouvrage de circonstance, écrit précipitamment; les nombreuses fautes typographiques de l'édition originale prouvent jusqu'à l'évidence que le manuscrit ne fut pas

(1) Ce fut en 1797 que De Maistre retourna à Turin.
(*Mémoires de l'Académie de Turin.*)

même recopié et qu'il devait être chargé de ratures.

Il s'agissait bien en vérité d'obtenir l'approbation de M. Philarète Chasles, de polir son style, de choisir ses mots, d'étudier ses phrases, de consulter froidement la syntaxe, de peser dans une toile d'araignée des *qui* et des *que*, d'aligner symétriquement des adverbes et des adjectifs, de mériter un fauteuil à l'académie de Turin, et d'examiner tranquillement la révolution française, qui gardait le roi prisonnier, « avec le calme imperturbable d'un astronome qui observe un météore. » Non, il fallait combattre, lancer au pied des trônes d'éclatantes vérités; il fallait écrire à la hâte, sans perdre de temps, un pamphlet tout débordant d'ironie et d'amertume, qui donnât du cœur aux plus pusillanimes et aux plus lâches. De là ces incroyables grandeurs de style du premier chapitre et d'autres passages, à côté de phrases heurtées, tronquées, à peine construites, à peine cousues, brusques, fortes, incorrectes, elliptiques, chaudement colorées, se précipitant sans ordre au-devant de l'ennemi.

J'essaie en vain de me persuader que ces pensées pleines de vues profondes, originales, que ce style âpre, colère, emporté au-delà des bornes, soient tombés de la plume d'un ancien archevêque, d'un diplomate aux formes adoucies; mon esprit s'y refuse invinciblement.

Quel ouvrage de l'abbé de Pradt décèle une telle violence de forme ? S'il devait montrer cette implacable colère, certes n'était-ce pas dans l'*Histoire de l'ambassade de Varsovie ?* Et pourtant en quoi l'auteur de l'*Antidote*, apostrophant la révolution française sur le ton de Mirabeau, ressemble-t-il au mordant et ingrat personnage qui persiffle si impitoyablement, mais si *froidement*, le colosse terrassé à Moscou ?

L'*Antidote* est rempli, dit-on, de fautes de français. On ne pouvait me fournir un meilleur argument. Si l'abbé de Pradt en était véritablement l'auteur, pourrait-on comprendre, de sa part, une telle négligence ? Quoi ! il est entouré d'hommes d'esprit; on nous dit qu'il est l'ami et le compagnon d'exil de Rivarol, et avant de faire imprimer son manuscrit à *Hambourg, sous ses propres yeux*, aucun de ces hommes qui manient le français avec tant de dextérité n'a le courage de le prévenir de ces incorrections de style; aucun d'eux, pas même Rivarol, un puriste s'il en fut, ne lui persuade de corriger son œuvre. Quelle étrange imprévoyance !

Qu'il me soit permis de rappeler au lecteur certains détails fort curieux et peu connus sur la manière d'écrire de l'auteur des *Soirées*. Ils expliqueront peut-être les fautes de style et de grammaire qui se trouvent dans l'*Antidote*. Je dirai d'abord que la plupart de ces incorrections sont dues à la grossière ignorance des ouvriers anglais de l'imprimerie de Spilsbury, et que les manuscrits de J. de Maistre étaient chargés de ratures.

M. de Maistre était un Bossuet, mais un Bossuet savoyard ; voilà ce qu'il ne faut pas oublier. Ce n'est qu'à force de soins, de travail, de veilles, ce n'est qu'en s'aidant de conseils éclairés, qu'il parvint à donner une forme si accomplie à son prodigieux génie. Voici notre anecdote :

En 1818, M. de Place, maître de langues à Lyon, théologien distingué, grammairien habile, fut chargé par J. de Maistre de surveiller la première édition *Du Pape*, sortie, comme l'on sait des presses lyonnaises. Une correspondance des plus intéressantes s'engagea entre eux ; elle roulait sur certaines propositions théologiques et sur des phrases ou locutions peu correctes. « Le conciencieux éditeur, dit M. Sainte-Beuve en parlant de M. de Place, ne ménageait pas les objections, les critiques; M. de Maistre s'y montrait bien souvent docile et avec une remarquable facilité, dénué, en effet, de toute prétention littéraire proprement dite, comme un homme du monde dont ce n'était pas le métier. Il n'y avait que les cas réservés où l'idée de ces *damnés* Parisiens lui revenait en tête et le faisait insister sur sa phrase : « Laissons cela, ils aimeront cela ; » ou bien : « Bah ! laissons-leur cet os à ronger. » Je prends plaisir à répéter ce mot, qui est une clef essentielle dans le De Maistre. »

Certains critiques s'imaginent que cet admirable style coulait tout d'une venue, tout d'un jet de sa pensée, comme Minerve sortit tout armée du cerveau de Jupiter. Je ne puis que les engager à relire cette page des *Mémoires* :

« Lorsque j'écris, dit Joseph de Maistre, j'obéis à une espèce d'inspiration ou de transport, car je suis réellement transporté. L'expression qui rend le plus vivement ma pensée est toujours celle que je choisis, ou plutôt *je ne choisis rien,* les expressions se précipitent : *monte decurrens velut amnis.* Quand la pièce est terminée, que voulez-vous que je fasse ? Sans doute, si je devais faire imprimer, *je prendrais la lime,* etc.

« Puisque l'occasion s'en présente, il faut que je vous dise deux mots sur mon système d'*écriture* en général. En fait de lettres importantes et surtout officielles, voici ma manière ou du moins celle que je voudrais employer : j'écris d'abord dans un livre-registre, je laisse aller ma plume *sans me refroidir par le travail de la lime.* Comme je conçois les choses vivement et que mon premier mouvement a toujours beaucoup de force, il m'arrive souvent dans mes lettres ce qui arrive à un homme qui s'est donné un grand élan, il saute plus loin qu'il n'était nécessaire. C'est pourquoi je reviens de sang-froid sur mon *écriture ;* je la corrige, *je l'abrége* presque toujours, *et je copie ou je fais copier.* Aujourd'hui, *malheureusement, vous avez le premier jet ;* c'est un petit inconvénient dont il suffit de faire mention une fois pour toutes. » (*Mém.*, p. 172.)

Il en fut ainsi de l'*Antidote*, que l'auteur n'eut certainement pas le temps de réviser. Les circonstances et les passions politiques ne lui permirent pas de prendre la lime.

Qu'écrit-il à M. de Place au sujet de la première édition *Du Pape ?*... « Que ne vous dois-je pas, monsieur ? et qu'est-ce que ne vous doit pas mon ouvrage ? *Il n'y a pas, je crois, une page qui ne vous soit redevable, et qui ne vous soit retournée améliorée par vos observations.* J'espère que de votre côté vous m'aurez trouvé tout à fait pliant, et toujours prêt à entendre vos raisons, c'est-à-dire la raison. »

Plus loin : « Je passerai volontiers le polissoir *sur toutes les aspérités...* » « Dans l'état où vous étiez, pauvre malade, vous a-t-on apporté *mon linge sale*, comme disait Voltaire (1)?... »

Et les *Soirées de Saint-Pétersbourg*, « son ouvrage chéri, dans lequel il a versé toute sa tête, » ne dit-on pas qu'une main filiale et savante n'est point étrangère à la pureté de leur forme ?

A l'époque où parut le livre *Du Pape*, où furent écrites les *Soirées*, le comte de Maistre était arrivé au terme de sa carrière ; s'il pouvait alors se défier de son style, comment ne serait-il pas permis de croire que, dès le début, il n'aborda qu'en hésitant les difficultés de notre langue?

Il suffit, au reste, d'ouvrir la *Correspondance* pour y trouver plus d'une grave incorrection.

Ouvrage de circonstance, l'*Antidote* ne fut pas destiné à faire partie des œuvres de son illustre auteur. C'était un mémoire, un pamphlet sur les événements du jour, qu'il n'entendait pas plus ajouter à la collection de ses ouvrages que les mémoires manuscrits sur certaines questions qu'il fit circuler plus tard en Russie.

Quant aux irrégularités de syntaxe et de style qu'on y trouve, il faudrait bien se garder de prendre au sérieux l'article de M. Philarète Chasles publié dans le *Journal des Débats*.

(1) Voir la *Notice sur Guy-Marie Deplace*, par Collombet, et la première édition *Du Pape*.

L'habile critique ne semble avoir voulu faire que de la prestidigitation littéraire. L'*Antidote*, entre ses mains, a subi les mêmes métamorphoses que la lettre de M. L. Perrin et que mes propres phrases.

Quand, pour atteindre son but, on use de tels moyens, et que l'on joue avec tant de dextérité le rôle de « *mystificateur*, » c'est être assez mal inspiré que de prêter gratuitement aux autres l'art subtil dans lequel on excelle soi-même.

Pour en finir sur cette question, qu'une comparaison me soit permise. On trouve étranges, extraordinaires, les disparates de style de certains chapitres de l'*Antidote*. Ces différences sont toutes naturelles : lorsqu'on parle chiffres, stratégie, armée, questions pratiques, se sert-on de la même langue que pour écrire une page d'histoire ou de littérature? En quoi le *Congrès de Vérone* et les *Etudes sur la Charte*, par Châteaubriand, ressemblent-ils au *Génie du Christianisme?* Ne croit-on pas entendre deux voix différentes? Et pourtant n'est-ce pas le même homme? Ignore-t-on que J. de Maistre, lui aussi, savait unir au suprême degré le langage des affaires au style littéraire et philosophique ?

Quelle simplicité d'ailleurs de croire et de dire qu'*il ne savait que généraliser!* Le spirituel humoriste qui nous a donné si complaisamment et si naïvement ses fantastiques élucubrations sur Joseph de Maistre comme autant de découvertes, n'aurait-il pas un peu louché du cerveau en négligeant précisément les deux aspects essentiels de ce gigantesque portrait, le côté pratique et le côté philosophique ?

De l'aveu de tous, il reste acquis au débat qu'il y a des points de ressemblance de style entre l'*Antidote* et les *Considérations*. M. de Doubet essaie de les expliquer par l'influence que dut exercer ce puissant ouvrage sur l'abbé de Pradt.

Pour moi, qui crois à la loi régulière des causes et des effets, j'ai peine à comprendre comment cette profonde influence ait pu si bien disparaître, qu'on n'en retrouve pas la moindre trace dans l'innombrable série des brochures de ce trop fécond publiciste. Vainement y chercherait-on une pensée profonde, originale, caractéristique.

Il n'en est pas ainsi de l'*Antidote*. Dans les chapitres mêmes consacrés à des questions spéciales, à des chiffres, ce livre est semé d'éclairs qui trahissent malgré elle la main puissante qui tant de fois lança la foudre.

V

« S'il pouvait exister, *même en politique*,
« un crime irrémissible, sans doute ce serait
« celui de livrer, par de lâches calculs, la
« patrie à l'étranger. »

(*Mémoires historiques sur la révolution d'Espagne*, par l'abbé de Pradt. Paris, 1816.)

Abordons les preuves tirées de la nationalité de l'auteur de l'*Antidote* « et de la nature même du plan d'équilibre européen présenté dans ce livre, plan qui ne peut avoir été conçu que par un étranger, ce qui élimine l'abbé de Pradt, et que par un Piémontais, ce qui désigne Joseph de Maistre. »

« Partant de cette idée, que la révolution française est une révolution *universelle,* et que sa force d'expansion et de propagande est incalculable, l'auteur de l'*Antidote* engage les souverains à opposer enfin une digue insubmersible à ce torrent dévastateur. Sa conception est aussi hardie, aussi neuve qu'elle était nécessaire au point de vue des intérêts de la coalition ; et malheureusement plusieurs données de ce plan ont été appliquées contre la France en 1815.

« N'oublions pas qu'il écrit en 1798. Les républiques de l'Europe ont été envahies et détruites par la révolution, sans plus de scrupule que les royaumes.

« Gênes, Venise, la Suisse ont succombé sous les étreintes du *monstre*, tout comme la Hollande et les principautés des bords du Rhin. La force des baïonnettes n'a pu arrêter sa marche toujours croissante ; l'offensive n'a pas mieux réussi que la défensive.

« Que faut-il faire pour le contenir ? Créer une barrière tellement forte, du nord au midi, qu'il soit impuissant à la briser ; une espèce de muraille de la Chine qui l'isole à jamais du genre humain. Si l'Europe a été envahie tant de fois, c'est que cette barrière n'existait pas. Qu'on l'élève enfin, et le monde pourra respirer. »

« En conséquence, l'auteur propose d'agglomérer en un seul tout plusieurs Etats épars jusque là et incapables de se défendre (1). »

(1) *Introduction* de la dernière édition de l'*Antidote*, p. 47, 48, 49.

La France sera bornée au nord et au midi par « deux puissances qui, sans lui être égales chacune en particulier, aient cependant de grandes forces et une position facile à défendre; deux puissances qui, placées aux extrémités de la France, aient un intérêt égal à la contrebalancer, à s'entr'aider mutuellement. » (*Antidote*, p. 77.) Ces deux puissances sont la Hollande et le Piémont.

On réunira à la Hollande « les Pays-Bas, la partie de l'évêché de Liége à la gauche de la Meuse et le duché de Juliers, sous un seul gouvernement attribué à la maison d'Orange, avec un titre royal. » (*Antidote*, p. 78.)

Les provinces des bords du Rhin seront ainsi groupées : « A l'évêché de Liége sera réuni le pays de Limbourg; l'électeur palatin recevra, en cédant Juliers et Ravenstein, le duché de Luxembourg; la Prusse pourra céder le duché de Clèves en échange des Etats de la maison d'Orange en Allemagne.

« L'Empire conserve son intégrité de territoire et de constitution. »

L'Autriche, en compensation de la perte des Pays-Bas, reçoit la Vénétie, Corfou et les îles de la mer Ionienne; sa limite en Italie sera la ligne du Mincio jusqu'au Pô.

« Arrivons au cœur de la question, à l'idée

génératrice du plan de l'*Antidote*, à l'idée secrète d'agrandissement pour le Piémont, que l'auteur a su élever aux proportions d'un intérêt européen. » (*Introd.*, p. 49.)

C'est par cette conception, évidemment éclose dans l'esprit d'un Piémontais, qu'éclate dans tout son jour la fécondité du génie et l'étendue du patriotisme du comte de Maistre :

« Le duché de Milan, le Brescian, le Crémasque, le duché de Modène et le territoire génois sont réunis au Piémont, qui formera le titre royal de la maison de Savoie. Les petits territoires toscans détachés du grand-duché, les fiefs impériaux et l'Etat de Parme y sont réunis. L'infant reçoit la Sardaigne et la Corse avec le titre royal de la première. Le Piémont rentre dans ses anciennes frontières du côté de la France, Y COMPRIS LA SAVOIE. Les forteresses du Piémont seront rétablies, et l'on fortifiera les passages par lesquels les Français ont pénétré en Italie. » (*Ant.*)

Comment cette politique, qui trahit si nettement la nationalité du Savoyard, aurait-elle pu germer dans l'esprit de l'abbé de Pradt ? Pourquoi cette préoccupation si caractéristique de reprendre la Savoie à la France et de lui arracher la frontière naturelle des Alpes ?

J'ai entendu un partisan de l'abbé de Pradt

donner sérieusement sur ce point les plus étranges explications. Suivant lui, c'est pour faire sa cour à des princesses de Savoie avec lesquelles il était en relations qu'il aurait imaginé de construire ce plan anti-français. Quel singulier rôle pour un archevêque, de ne donner pour mobile à sa politique que des paniers et des falbalas !

Prenons pour ce qu'elles valent de telles frivolités.

Loin d'avoir exprimé le désir que la Savoie, conquise par la France, fût rendue au Piémont, l'abbé de Pradt, dans son livre *Du Congrès de Vienne*, s'est exprimé de la manière la plus formelle contre cette disposition des traités de 1815. Un Français ne pouvait parler autrement sans mentir à la fois au patriotisme et au sens commun.

« Dans cet état (l'état actuel), le roi de Sardaigne dépasse les Alpes : *cela ne devrait jamais avoir lieu. Elles doivent servir de barrière éternelle entre la France et l'Italie; la nature les a faites pour cela :* QUE TOUTE AUTRE COMBINAISON S'ABAISSE DEVANT CETTE DESTINATION (1).

(1) En s'exprimant ainsi, l'abbé de Pradt voulait évidemment que la Savoie fût enlevée au Piémont et restât à la France. Cette politique, de la part d'un Français, quelle que fût son opinion, était toute naturelle. Aussi l'abbé de Pradt, tout en s'emparant dans son livre *Du Congrès de Vienne* d'une partie du plan de l'*An-*

Le contraire ne peut que renouveler les sanglantes et inutiles guerres qui ont également désolé les deux pays, et créer des facilités pour la fraude et des refuges pour le crime.

« *La Savoie ne peut jamais être défendue contre la France. Ce pays a toutes ses directions vers la France et aucune sur l'Italie.* » (*Du Congrès de Vienne*, t. II, p. 32.)

Encore une fois, quels motifs pouvaient engager l'abbé de Pradt à faire un royaume de la Savoie ? Aucun. Joseph de Maistre, lui, avait trois puissants mobiles pour demander l'agrandissement de son pays : son ardent patriotisme, son dévouement à la maison de Savoie, enfin l'intérêt politique de l'Europe contre la révolution. « C'était pour garantir un véritable équilibre dans le sud de l'Europe qu'il voulait qu'on constituât, dominant les deux versants des Alpes et toute la haute Italie, un royaume étendu, peuplé, fertile et parfaitement fortifié. Dans sa pensée, on établissait par cette création, sinon un danger pour la France, au moins une barrière solide contre ses tendances futures d'expansion. Cette attitude de défensive fortement organisée,

tidote, a bien soin, à la différence de l'auteur de cet ouvrage, d'exclure la Savoie de la combinaison du royaume septentrional d'Italie.

le Piémont l'aurait eue, il est vrai, contre l'Autriche, ce qui devait tôt ou tard aboutir à la ruine de l'influence de ces deux puissances dans la péninsule. » (M. P. Beurtheret.)

Est-ce là une politique française ou italienne ? La pensée de cette digue que l'auteur voulait créer à nos portes contre la révolution peut-elle avoir été conçue par un émigré français ? Evidemment non. Car, à supposer que la république eût été détruite et la monarchie rétablie, ce formidable rempart n'en devait pas moins subsister contre la monarchie. Si l'abbé de Pradt a pu inventer un tel plan, il n'a pas seulement fait preuve des sentiments les plus dénaturés à l'égard de son pays, il a donné en même temps la mesure de la plus inconcevable imprévoyance.

« Qu'on ouvre, disais-je dans mon *Introduction*, les lettres de Joseph de Maistre publiées par M. Albert Blanc, qu'on y étudie la pensée du Savoyard proscrit, du royaliste méconnu de son souverain, du diplomate à Saint-Pétersbourg, on y retrouvera toujours l'auteur de l'*Antidote* (1).

(1) Tous les fragments du Plan politique de Joseph de Maistre se retrouvent dans les *Mémoires* de M. Albert Blanc, notamment dans un *Mémoire* très-développé contre l'Autriche.

De Maistre dit (art. 25) : « On peut donc faire un roi de Ligurie ou de Lombardie, sans nuire à personne. »

Mêmes plans politiques, même amour de son pays, mêmes rêves de grandeur pour ce Piémont et cette maison de Savoie qu'il aime avec passion, comme on aime toutes les grandes choses, c'est-à-dire sans limite et sans frein. »

« Quel est le but de l'*Antidote?* Créer autour de la France révolutionnaire un cordon sanitaire qui l'isole de l'Europe, et pour cela fortifier, par son agrandissement en Lombardie, le Piémont, qui en est la sentinelle avancée. C'est l'Italie qu'il faut faire revivre, ce n'est pas le saint Empire qu'il faut relever : il est mort de décrépitude. Joseph de Maistre le hait en vrai patriote italien. »

« Tant qu'il me restera de la respiration, dit-il, je répéterai que l'Autriche est l'ennemie naturelle et éternelle du roi, tandis que la France ne l'est pas. Que désire le roi ? *l'établissement de sa puissance dans l'Italie septentrionale.* Que craint l'Autriche? ce même établissement. Donc, etc. » (*Mémoires*, p. 51.)

Nous pourrions faire de très-nombreuses citations des *Mémoires* publiés par M. Albert Blanc, qui prouveraient jusqu'à l'évidence que Joseph de Maistre ne cessa de nourrir le projet de créer au nord de l'Italie une nouvelle Prusse.

En un mot, l'auteur de cette idée *neuve* est bien le même que celui de l'*Antidote;* il n'y a pas à s'y tromper. Le comte Beugnot, dans un sérieux article sur Joseph de Maistre publié par le *Correspondant*, a constaté que l'idée était bien de lui ; nous aimons à invoquer l'autorité d'un tel témoignage.

« L'ambition des patriotes piémontais, dit le comte Beugnot, d'accroître l'étendue et les forces de leur pays aux dépens de l'Autriche, et de faire du Piémont la sentinelle avancée des Etats italiens contre cette puissance, *est d'origine toute récente*... Mais elle existait dès 1805, *réfléchie et résolue dans l'âme de Joseph de Maistre*, ouverte à tous les sentiments patriotiques. » « Il voulait le rétablissement et l'accroissement de la maison de Savoie. Cet événement dépendant du succès des armées de la coalition, ses vues et ses avis se pliaient au caractère des événements, dont il s'attachait à tirer le meilleur parti. »

N'est-il pas évident que si les Pays-Bas et la Hollande ont été réunis en 1815, c'est pour qu'ils pussent servir de barrière contre la France? Qui avait suggéré cette idée, sinon l'auteur de l'*Antidote*, sinon Joseph de Maistre, ambassadeur à Saint-Pétersbourg, qui avait tant d'influence sur l'esprit de l'empereur de Russie?

Quelle autorité pouvait avoir alors l'abbé de Pradt auprès des souverains coalisés? Est-ce l'abbé de Pradt qui a si bien protégé à cette époque les intérêts de la maison de Savoie? Ne sait-on pas ce que fut Joseph de Maistre? « N'est-ce pas son confident et son ami, l'empereur Alexandre, qui, dans les traités de 1815, maintint la couronne sur le front de son souverain, et qui lui donna Gênes? »

« N'est-ce pas lui qui, au sein du congrès de Vienne, insista pour que le Milanais fût annexé au Piémont? On sait comment l'Autriche, en faisant les plus grands sacrifices à l'Angleterre, parvint à entraîner les autres voix en sa faveur. » (*Introduction* de l'*Antidote*, p. 53 et 54.)

Si quelques idées essentielles de l'*Antidote* ont été pratiquées en 1815, évidemment ce fut d'après les conseils d'Alexandre et à l'instigation de Joseph de Maistre.

Pour tout dire en un mot, ce plan ne peut avoir été conçu que par un étranger, et l'une de ses parties est évidemment une conception *ultra-savoyarde*.

M. le comte de Douhet prétend que j'ai eu tort de supposer que le plan d'équilibre européen tracé dans ce livre *n'avait pu germer que dans la cervelle piémontaise du comte de Maistre*. « Grave erreur, ajoute-t-il ; car, quelque opinion que l'on ait de l'abbé de Pradt, on lui accordera assez de sagacité politique pour avoir compris *l'importance de l'accroissement du Piémont comme boulevard de nos frontières du sud.* »

Que mon honorable adversaire me permette de lui dire, avec toute la déférence possible, qu'il n'a pas lu le chapitre le plus important et le plus curieux de ce livre. S'il l'eût consulté, non seulement il ne l'attribuerait plus à l'abbé de Pradt, mais il repousserait avec force cette seule pensée. En effet, il y aurait lu que ce prétendu boulevard qui devait protéger la France au sud, était précisément destiné à servir au nord de boulevard à l'Italie contre la France.

Admettons cependant qu'il se soit rencontré un émigré assez imprévoyant, assez fou, assez coupable pour proposer d'élever aux portes de la France un éternel obstacle à son agrandissement, et qui plus est, à sa sûreté. Admettons qu'il n'ait pas calculé que, la république anéantie, ce plan menacerait sans cesse dans l'avenir la monarchie restaurée. Ce que le sens moral, ce que la raison repoussent absolument, c'est qu'un émigré français, un émigré royaliste ait pu applaudir aux défaites de Louis XIV et aux triomphes de Guillaume d'Orange et de la coalition fomentée par lui contre la France ; c'est qu'il ait pu blâmer si amèrement l'ancienne monarchie d'avoir tenté de donner à la France ses frontières naturelles, et qu'il ait poussé le fanatisme et la haine contre son pays au point de se glorifier de son abaissement et de sa faiblesse même *sous la monarchie*. Le plan de l'*Antidote* n'est pas seulement conçu pour mater la révolution, il est entièrement combiné contre la France monarchique ou républicaine, contre la France passée, présente et future, contre la France de tous les temps et de toutes les époques, partout et toujours.

L'auteur de l'*Antidote* confond dans le même blâme Louis XIV et Robespierre. Dès qu'il s'agit de fortifier la France, de l'asseoir solidement, il ne ménage pas plus le cabinet de Versailles que le comité de salut public. Ce qu'il veut, ce qu'il demande résolument et sans tergiversation, c'est que l'Europe ait toujours, en tout état de cause, plusieurs portes ouvertes pour attaquer la France.

Qu'on lise les lignes suivantes de l'*Antidote*, et l'on jugera comme nous que cette impossibilité morale exclut pour son honneur l'abbé de Pradt :

« La France, par sa population, par l'industrie et par le caractère hasardeux de ses habitants, par sa position au centre de l'Europe, dominant sur deux mers, ceinte d'une triple frontière qui l'isoloit presque autant que pourroit faire l'Océan, la France, avec tous ses avantages, dominoit réellement tous ses voisins du continent, et justifioit le mot du célèbre marquis d'Orméa (1) : « Que parlez-vous d'équilibre de l'Europe? disoit ce sage ministre de Victor-Amédée; il est tout entier dans le cabinet de Versailles; qu'il sache seulement ce qu'il fait. » Ce mot dit tout, ajoute l'auteur de l'*Antidote, et les conquêtes de Louis XIV et les déplorables triomphes de la république ne prouvent que trop la prépondérance naturelle de CETTE NATION, quand on sait en tirer parti. Voilà la seconde fois, depuis cent ans, qu'elle met l'Europe à deux doigts de sa perte.* » (*Antidote*, page 51.)

Et CETTE NATION, la nation de Louis XIV, sa propre nation, c'est un Français qui, en de pareils termes, la dénoncerait à l'Europe, dans son avenir comme dans son histoire!

Ce crime de lèse-nation est impossible.

Toujours, dans l'*Antidote*, ce même esprit hostile à l'ancienne France :

« Le projet de porter les limites de la France au Rhin n'est pas nouveau, il a existé sous différentes formes. On sait combien de ressorts le cardinal Mazarin fit jouer au traité de Westphalie pour s'assurer de la plus grande partie

(1) Encore un fait emprunté à l'histoire du Piémont !

des Pays-Bas. Louis XIV reprit ce projet en grand et en poursuivit l'exécution pendant la plus grande partie de son règne. *Guillaume et les autres princes de son temps étaient trop éclairés pour ne pas s'y opposer de toutes leurs forces; aussi le firent-ils avec un courage et une persévérance que rien ne put détourner du but.* LE SUCCÈS COURONNA, COMME IL FAIT TOUJOURS, CETTE UNION DU COURAGE ET DES LUMIÈRES. Dans ces derniers temps, on accusoit la France de convoiter le pays entre le Rhin et la Moselle, jusqu'à la pointe de Coblentz; IL PEUT ÊTRE QUE LE CABINET DE VERSAILLES AIT VOULU AJOUTER CETTE FAUTE A TANT D'AUTRES.

« La controverse de l'avantage de ces agrandissements pour la France ne fait pas partie de notre sujet, quoique nous soyons bien convaincus, au risque d'être rangés dans la faction des anciennes limites, *qu'aucun agrandissement ne lui convient, et que son ancienne frontière est encore la meilleure pour elle comme pour ses voisins.* »

Ainsi, la politique qui guidait nos rois vers le Rhin, cette pensée traditionnelle et constante à rendre la France forte et inexpugnable, n'aurait pu trouver grâce devant l'abbé de Pradt, ultra-royaliste s'il en fut, du moins à cette époque?

Y pense-t-on? et si l'on persiste à revendiquer pour lui l'*Antidote*, quelle triste conclusion ne bravera-t-on pas?

Disons-le bien haut, on a calomnié sur ce point l'archevêque de Malines, et il s'est calomnié lui-même, en laissant supposer qu'il était l'auteur d'un tel livre. Si sévères que soient à son égard les jugements de l'histoire, elle n'aura point à lui reprocher l'impardonnable attentat d'avoir voulu sacrifier à tout jamais la France à l'Europe. L'abbé de Pradt avait des sentiments plus hauts et plus nobles, au point de vue patriotique. En voici la preuve; écoutons-le :

« S'il pouvait exister, *même en politique*, UN CRIME IRRÉMISSIBLE, sans doute ce serait celui de livrer, *par de lâches calculs*, la patrie à l'étranger. Ah! qu'il reste à jamais séparé de la patrie celui qui a ouvert son sein à la main qui vient en ravir les trésors, en troubler la paix, en ternir la gloire. » (*Mémoires historiques sur la révolution d'Espagne*, par l'abbé de Pradt. 3e édition. Paris, 1816.)

VI

Un livre apparaît tout à coup en Europe, au plus fort de la terreur que répandent les armées du Directoire. Ce livre fait événement; il est lu, commenté par les hommes d'Etat et les publicistes; Mallet en fait l'éloge; il trouble dans leur orgueilleuse confiance les pentarques qui tiennent la France sous le joug; un démocrate perspicace, Antonelle, le signale comme « la machine de guerre la plus redoutable qu'ait pu enfanter le génie de la contre-révolution. » La *première édition* du livre porte sur son frontispice cette indication : « par l'auteur des *Considérations sur la France;* » le nom de Joseph de Maistre est inscrit en toutes lettres sur le titre d'une autre édition, et Joseph de Maistre garde le silence. Aucune protestation publique ne vient écarter de lui la responsabilité d'un tel livre. Pendant de longues années on ne doute pas qu'il en soit l'auteur. Puis, insensiblement, l'opinion, travaillée par une influence occulte, se modifie peu à peu et finit par croire que le véritable auteur est l'abbé de Pradt.

N'y a-t-il pas là un étrange mystère qu'il est bien permis de pénétrer et de dévoiler ?

Je crois n'avoir négligé aucun ordre de preuves pour établir que l'*Antidote* est l'œuvre de Joseph de Maistre. A ces preuves claires, précises, qui se corroborent les unes par les autres, on n'a opposé que des anecdotes sans consistance, qu'une critique superficielle, que des dénégations sans point d'appui.

Les documents qui devaient anéantir cette thèse dorment encore dans la poussière. S'ils avaient l'importance qu'on leur suppose, pourquoi ces retards à les produire au grand jour?

Loin de craindre la manifestation de la vérité, n'hésitons point à la provoquer. Qu'elle brille enfin de tout son éclat !

Si les preuves que j'ai fournies et qui me paraissent invincibles sont renversées par d'irréfragables témoignages, je déclare que je suis prêt à rendre un solennel hommage à la vérité. Mais alors il faudra répéter une fois de plus :

Le vrai peut quelquefois n'être pas vraisemblable.

Jusque là, tout me confirme de plus en plus dans l'invincible conviction que *ma thèse est solidement appuyée.*

Ce n'est point, comme on a pu le croire, une parole formelle de l'auteur des *Soirées* qui nous a été transmise par la bouche de son digne et honorable fils. Ce n'est point la voix de Joseph de Maistre dont on a entendu le lointain écho.

La question reste donc aussi simple, aussi claire qu'elle l'était auparavant.

Les grands morts appartiennent tout entiers à l'histoire, et l'un des priviléges essentiels de la critique, c'est de pouvoir interroger les actions les plus cachées de leur vie publique.

Le secret de Joseph de Maistre, enseveli avec lui dans sa tombe, nous dérobait un des côtés les plus glorieux et les plus éclatants de cette immortelle figure.

J'ai osé, d'une main respectueuse, soulever les voiles mystérieux qui l'obscurcissaient encore. J'ai voulu montrer dans toute son héroïque grandeur, dans son invincible constance, le patriote italien, construisant, pour affranchir son pays, un plan gigantesque; j'ai voulu découvrir les profondes vues de l'immortel penseur, méditant, du haut des Alpes, sur les lois et les prodigieuses conséquences de la révolution.

Voilà pourquoi j'ai restitué l'*Antidote* à son véritable auteur.

En poursuivant la solution de ce problème, je me suis senti d'autant plus libre, d'autant plus à l'aise, que, par suite de la différence des nationalités et des situations, le livre objet de ce curieux débat peut relever encore la gloire de celui à qui je l'attribue, tandis qu'il accablerait d'un « *irrémissible* » opprobre celui contre qui je le revendique.

Par quelle étrange anomalie faut-il qu'il soit repoussé par ceux qui n'auraient qu'à s'en enorgueillir, tandis qu'il est réclamé avec insistance par ceux mêmes qui devraient, ce semble, le répudier avec éclat (1)?

(1) Au moment de mettre sous presse les dernières pages de cet opuscule, je reçois de Rome une lettre des plus bienveillantes du petit-fils de l'immortel philosophe. Tout en maintenant que l'*Antidote* n'est pas l'œuvre de son grand-père, M. Eugène de Maistre veut bien m'adresser, en son nom personnel et au nom de ses nobles parents, des témoignages d'estime et de sympathie si généreusement exprimés que j'en suis tout pénétré de gratitude. Puisque les motifs qui ont dicté ma Préface ont été si dignement

Telle est l'énigme dont je me suis efforcé de pénétrer le sens mystérieux, et que je soumets avec confiance aux seuls juges sans appel, l'opinion et l'avenir.

compris, j'ose espérer que cette honorable famille interprétera de même la pensée qui a inspiré ma réponse. En combattant mon opinion, son unique but a été de rendre hommage à la vérité. Qu'elle me pardonne donc si, entraîné moi-même par la passion de la vérité, j'ai défendu ses droits avec une si ferme persévérance.

J'hésite d'autant moins à soutenir une telle cause, que son succès concilierait à la fois deux sentiments qui me sont également chers, mon inviolable respect pour la loyauté de cette illustre famille, et mon inaltérable admiration pour la mémoire de son glorieux chef.

FIN.

Lyon. — Imprimerie de GIRARD et JOSSERAND, rue St-Dominique, 13.

www.ingramcontent.com/pod-product-compliance
Ingram Content Group UK Ltd.
Pitfield, Milton Keynes, MK11 3LW, UK
UKHW031926260826
14628UKWH00003B/1440

9 782012 978799